Markus Heizmann

**DER VERSCHWIEGENE KRIEG**

SANKTIONEN, EMBARGOS, BLOCKADEN

Markus Heizmann

# Der verschwiegene Krieg

## Sanktionen, Embargos, Blockaden

– 1. Auflage 2020 –
ISBN 978-3-939710-35-6

Theorie und Praxis Verlag
Goldbachstr. 2
D 22765 Hamburg
Tel: 040 – 38 61 38 49

info@tup-verlag.com
www. tup-verlag.com

# Inhaltsverzeichnis

# Vorwort

Imperialistische Kriege werden an verschiedenen Fronten geführt: der Medienfront, der politischen, gesetzlichen („Rechtsfeldzug"), diplomatischen, militärischen Front und der Wirtschaftsfront. Markus Heizmann untersucht in seinem neusten Buch letztere. Den Wirtschaftskrieg bezeichnet er als „verschwiegenen Krieg". In der Tat haben seit den 1950er Jahren von den USA und ihren Verbündeten in Europa, den Amerikas und Australien erlassene Wirtschafts-, Finanz- und Handelssanktionen und Blockaden in Ländern wie Kuba, Irak, Iran, Nordkorea, Syrien, Palästina und Venezuela in aller Stille Hunderttausende Kinder, Frauen und Männer getötet. Weil sich ihre Regierungen nicht der imperialistischen Politik der USA anschlossen, ihre eigene soziale, wirtschaftliche, politische und kulturelle Entwicklung wählten und das Recht auf nationale Souveränität und Selbstbestimmung verteidigten, wurde den Menschen in diesen Ländern der Zugang zu Lebensmitteln und medizinischer Versorgung verweigert.

In einer Rede vom 19. Oktober 1959 nahm der historische Anführer der kubanischen Revolution, Fidel Castro Ruz, die perverse Antwort der US-Regierung auf die Bemühungen Kubas für bessere Lebensbedingungen für alle Kubanerinnen und Kubaner nach dem Sturz der Batista-Diktatur vorweg: „Man sagt uns gewissermassen, dass sie [die US-Regierung] uns wirtschaftlich erwürgen werde, sollten wir die Landreform umsetzen [...]. Mit anderen Worten: Nicht genug, dass wir 600.000 Arbeitslose haben; nicht genug, dass wir eine Pro-Kopf-Produktion von nur 300 Pesos haben; nicht genug, dass wir nur gerade über ein Fünftel der nötigen Krankenhäuser, Schulen und anderer grundlegender Einrichtungen verfügen. Nein, sie drohen uns mit dem Hungertod, sollten wir versuchen, daran etwas zu ändern."

Nahrung, Obdach, Gesundheitsversorgung und Bildung grundsätzliche Menschenrechte für alle statt für eine kleine reiche Elite –, dafür kämpften die Revolutionäre unter Fidel. Die US-Regierung reagierte mit der Drohung, die kubanische Bevölkerung auszuhungern. Seit 60 Jahren versuchen das Imperium und seine europäischen Verbündeten erfolglos, diese Drohung umzusetzen.

Mindestens 500.000 Kinder wurden infolge der 1990 gegen den Irak erlassenen Wirtschaftsblockade getötet – *„ein Preis, der es wert war“*, so die damalige US-Botschafterin bei der UNO und spätere Außenministerin Madeleine Albright.
Geschätzte 40.000 Menschen starben in Venezuela im Zeitraum 2017-2018 an den Folgen der gegen die venezolanische Regierung erlassenen Wirtschaftssanktionen, die es der Regierung so gut wie unmöglich machen, Lebensmittel und Medikamente für die Bevölkerung zu importieren. In einem Interview mit der *Financial Times* im Jahr 2019 verglich der ehemalige hochranginge US-Diplomat im Aussenministerium, Thomas Shannon, die Auswirkungen der Sanktionen gegen Venezuela mit der Bombardierung von Dresden oder Tokyo während des Zweiten Weltkriegs.
Einseitige Zwangsmaßnahmen gegen ein Land und seine Bevölkerung in der Form illegaler Sanktionen und Blockaden verletzten die Menschenrechte und die UNO-Resolution 2625 über Grundsätze des Völkerrechts betreffend freundschaftliche Beziehungen und Zusammenarbeit zwischen den Staaten. Obwohl sie den Tatbestand der kollektiven Bestrafung der Zivilbevölkerung gemäss dem Haager Abkommen und der Genfer Konventionen erfüllen, ist nie ein Staatsoberhaupt für diese Verbrechen gegen die Menschheit zur Rechenschaft gezogen worden.
Der vom US-Imperialismus gegen nicht konforme Nationen geführte „verschwiegene Krieg“ schont auch die Menschen in den USA nicht. Ihnen wird der Zugang zu Heberprot-P verweigert, einem in Kuba entwickelten und produzierten Diabetesmedikament, welches das Risiko von Amputationen bei Diabetespatienten verringert. Ebenso wird ihnen der Zugang zu Heizöl verweigert, das die venezolanische Regierung der armutsbetroffenen Bevölkerung in den USA in den kalten Wintermonaten kostenlos zur Verfügung stellt. Aber die Verbrecher des Imperiums schrekken nicht nur davor zurück, der eigenen Bevölkerung zu schaden. Mit Hilfe der Medien versuchen sie zudem, die Menschen in den USA davon zu überzeugen, dass diese Länder es sind, welche die US-Bevölkerung bedrohen!

Markus Heizmanns Analyse der Wirtschaftssanktionen und Blockaden ist ein wertvoller Beitrag zum Verständnis eines Krieges gegen die souveränen Entscheidungen von Ländern für ein besseres Leben. Dieser Krieg verletzt und tötet Hunderttausende Menschen weltweit, indem ihnen der Zugang zu grundle-

genden Menschenrechten verwehrt wird, wie sie in der Agenda 2030 der Vereinten Nationen für Nachhaltige Entwicklung festgehalten sind, die 2015 von allen 193 UNO-Mitgliedsstaaten angenommen wurde. Es handelt sich um einen „verschwiegenen Krieg", von dem seine Autoren behaupten, es gebe ihn nicht, und der von den Medien ignoriert wird. So ist auch die Berichterstattung der westlichen Massenmedien zu Syrien, mit ihrer Verbreitung von Lügen, allen voran der Lüge, es handle sich um einen „Bürgerkrieg", eines von vielen Elementen des Krieges gegen Syrien und seine Bevölkerung.
Als Bewohnerinnen und Bewohner von Ländern, deren Regierungen sich an der barbarischen, dem US-Imperialismus hörigen Politik beteiligen, ist es unsere Pflicht, aufzustehen und uns zu organisieren, um den gegen Menschen weltweit erlassenen Sanktionen und Blockaden ein Ende zu setzen. Wer im Krieg nicht klar Position bezieht, macht sich mitschuldig.

Dr. Natalie Benelli

*Dr. Natalie Benelli ist Sozialwissenschaftlerin und aktives Mitglied in der Vereinigung Schweiz-Cuba, der Solidaritätsbewegung ALBA Suiza und der Schweizerischen Friedensbewegung. Sie ist Europakorrespondentin der Zeitschrift „Collective Endeavor", die von der alternativen Medienorganisation „Women's Press Collective" in der Bronx, USA herausgegeben wird.*

# Der verschwiegene Krieg

## Einleitung

Der Imperialismus ist ein Gewaltverhältnis. Krieg, Plünderung, Genozid gehören zu den Kerngeschäften des modernen Imperialismus. Die geführten Angriffskriege werden nicht als solche benannt, die Namen, welche diesen Massakern gegeben werden, könnten Titel aus Hollywoodfilmen sein, keinesfalls deuten sie auf die Ungeheuerlichkeiten hin, die allesamt in unserem Namen verübt werden. Von *„restore hope“* (Somalia), über *„dessert storm“* (Irak), bis zum *„iron shield“* (Palästina), diese und andere klingende Namen, welche den Blutbädern gegeben werden, verschleiern, was tatsächlich geschieht: Massenmord, Plünderung und Zerstörung uralter Kulturen. Der reale Krieg auf dem Boden beginnt vor dem Krieg mit dem *Medienkrieg*. Die Lügen der imperialistischen Medien wurden von uns gemeinsam mit anderen AutorInnen in der Publikation LÜGE-MACHT-KRIEG aufgearbeitet.[1]

Oft wird der Krieg auf dem Boden auch durch Sanktionen, Embargos und Blockaden vorbereitet. Dieser verschwiegene Krieg, der für die davon betroffenen Völker oft ebenso schrecklich ist wie ein militärischer Angriff, ist Thema dieses Buches. Die von den USA, der EU, den NATO Staaten und ihren Komplizen verhängten Sanktionen, Embargos und Blockaden betreffen viele Länder. Eine Firma oder eine Einzelperson, die Geschäfte mit einem unter Blockade stehenden Land tätigen will, sieht sich mit einem Labyrinth von Verordnungen und Restriktionen konfrontiert, an normale wirtschaftliche Beziehungen ist nicht mehr zu denken. Der vom Kapitalismus und seinen Institutionen so hoch gepriesene „freie Markt“ verkommt zur Farce und tatsächlich zeigt das System durch die Implementierung von Sanktionen, Embargos und Blockaden seine hässliche Fratze. So steht zum Beispiel Syrien unter einer absoluten Blockade durch die USA, die EU, die NATO Staaten und deren Komplizen. Dies hindert sie jedoch nicht daran, das Erdöl aus dem Norden Syriens zu stehlen und über die Türkei, ebenfalls ein NATO Mitglied, zu verkaufen.

---

[1] LÜGE-MACHT-KRIEG, Risāla Jahrbuch, TuP Verlag, Hamburg, 2015

Die Sanktionsliste der EU und der USA ist lang,[2] sie reicht von A wie Ägypten bis Z wie Zentralafrikanische Republik. Selbstverständlich sind nicht alle Länder auf den verschiedenen Sanktionslisten der USA, der EU und der NATO Staaten gleichermaßen betroffen. Das Ausmaß, bzw. die Härte, mit welcher die Länder „gezüchtigt“ werden, ist von verschiedenen Faktoren abhängig. Die imperialistischen Medien wollen uns glauben machen, mit Sanktionen, Embargos und Blockaden sollen Regierungen von bestimmten Ländern dazu gebracht werden, „Menschenrechte“ zu achten, „Demokratie“ zuzulassen und ähnliches mehr. Dies sind, wie weiter unten in den Kapiteln des Buches aufgezeigt wird, leicht zu durchschauende Lügen. Wäre dem tatsächlich so, dann müssten Länder, welche andere Länder angreifen und die tatsächlich Menschenrecht, Völkerrecht und Demokratie mit Füssen treten, mit Sanktionen, Embargos und Blokkaden belegt werden. Dem ist nicht so. Genannt seien, stellvertretend für alle Länder des imperialistischen Lagers, die USA, Israel, die NATO Staaten, aber auch deren Vasallen wie die Öl-Oligarchien oder sogenannte neutrale Länder wie die Schweiz, Österreich und andere. Sie alle beanspruchen für sich ganz selbstverständlich das „Recht“, die Souveränität anderer Staaten zu beschneiden und deren Ressourcen auszuplündern. Genau dort liegt auch der wahre Grund, weshalb von der sogenannten „westlichen Wertegemeinschaft“ Blockaden verhängt und Kriege losgetreten werden: Es geht um Hegemonialinteressen, es geht um postkoloniale Besitzstandswahrungen. Wir sprechen von der Unfähigkeit des weißen Mannes, mit dem Rest der Welt eine Beziehung auf Augenhöhe, ohne das Dünkel einer angeblichen Überlegenheit einzugehen. Am Ende dieses für alle verheerenden Weges soll die umfassende Herrschaft von einigen Wenigen über den Rest der Welt stehen. Noch aber ist es nicht soweit. Noch haben wir die Wahl, uns gemeinsam mit allen Völkern der Erde zur Wehr zu setzen oder um es mit den Worten von Rosa Luxemburg auszudrücken: Wir haben die Wahl zwischen Sozialismus oder Barbarei. Wobei Rosa Luxemburg am Vorabend des sogenannten 1. Weltkrieges nicht ahnen konnte, wie barbarisch sich die imperialistischen Mächte weltweit entwickeln würden. Wir reden an dieser Stelle bewusst von einem „sogenannten“ 1. und auch von einem „sogenannten“ 2. Weltkrieg. Wir meinen, auch diese Bezeichnungen sind eurozentristische Konstrukte.

---

2 https://www.bex.ag/sanktionslisten/ (Zugriff März 2020)

Weshalb soll ein 1. oder ein 2. Krieg als „Weltkrieg“ bezeichnet werden? Im Moment, da Sie, liebe Leserin, lieber Leser, dieses Buch in der Hand halten, führt der Imperialismus auf allen fünf Kontinenten erklärte oder unerklärte Kriege. Wenn wir also diese Zählung 1. und 2. Weltkrieg akzeptieren, dann sind wir schon längst beim 5. oder beim 6. Weltkrieg angelangt und jeder einzelne dieser Kriege hat seinen Ursprung hier in Europa vor unserer Haustür.
Das sind die schlechten Nachrichten. Die gute Nachricht ist, dass der Imperialismus, so wie von Mao Zedong charakterisiert, tatsächlich ein Papiertiger ist. Die imperialistische Herrschaft über unsere materielle Existenz und vor allem über unsere Köpfe kann nur aufrechterhalten werden, wenn wir das zulassen.
Ein erster Schritt, auch das wird in diesem Buch aufgezeigt, besteht darin, sich Klarheit zu verschaffen, jenseits aller Nebelpetarden und jenseits aller Propaganda. So entwickeln wir ein neues Denken, ein zukunftsweisendes, solidarisches Denken. Es gibt keine Alternative dazu, es führt kein Weg daran vorbei, die Barbarei zu überwinden, sie zu beseitigen. Dieser Weg ist nicht einfach. Wenn wir ihn beschreiten, dann gehen wir ihn jedoch nicht allein. Hier, in den Kernländern des Imperialismus, mögen wir vorläufig noch eine Minderheit sein, global jedoch sind wir die Mehrheit. Die Imperialisten, die Zionisten sind die Wenigen, wir sind die Vielen. Wenn sich die Vielen ihrer Macht bewusst werden und sich vereinen, dann ändern wir die Verhältnisse.
Wir haben dieses Buch nicht isoliert, sondern in Diskussion mit Einzelpersonen und anderen Organisation verfasst. Wir sind bestrebt, diese Diskussion fortzusetzen und auszuweiten, dazu sind Sie, liebe Leserin, lieber Leser herzlich eingeladen. Sie erreichen uns über den Verlag oder direkt per Email:

buendnis.gegenkrieg@gmx.net

# Sanktionen, Embargos, Blockaden

Wenn von Sanktionen oder von Embargos gegen bestimmte Länder – genannt seien aktuell und stellvertretend für viele Syrien, Kuba, Venezuela oder Palästina – die Rede ist, dann ist das in jedem Fall ein Euphemismus. Um mit der Problematik adäquat umgehen zu können, müssen wir Sprachregelungen finden (und uns daran halten), welche der Realität auch standhalten. Sanktionen und Embargos sind per Definition friedliche Instrumente der Staatengemeinschaft, mit denen ein Land, welches Völkerrecht verletzt, zur Räson gebracht werden soll. Uns ist kein einziger Fall von sogenannten Sanktionen oder Embargos bekannt, auf welchen dies zutrifft.

## Sanktionen

Im Völkerrecht werden kollektive Maßnahmen nach Artikel 39ff. der UN-Charta[3] als Sanktion bezeichnet (UN-Sanktion). Sie erfordern einen Beschluss des Sicherheitsrates der Vereinten Nationen und ein entsprechendes UN-Mandat.

## Embargos

Ein Embargo (von spanisch embargo ‚Beschlagnahme', ‚Pfändung') ist in der internationalen Wirtschaft und Politik der Eingriff von Staatsorganen in den Export und Import von Waren, Rohstoffen und auch Dienstleistungen in ein bzw. aus einem bestimmten Land. Oft sind nur bestimmte Produkte oder Dienstleistungen von einem Embargo betroffen, etwa bei einem Waffenembargo oder Finanzembargo. Ein Embargo wird von Ländergruppen gegen ein bestimmtes Land ausgesprochen, um dieses beispielsweise von Import und Export abzuschneiden. Oft bekommt dieses Land wirtschaftliche Probleme; diese können innenpolitische Auswirkungen nach sich ziehen.

---

[3] UN-Charta, Artikel 39: Der Sicherheitsrat stellt fest, ob eine Bedrohung oder ein Bruch des Friedens oder eine Angriffshandlung vorliegt; er gibt Empfehlungen ab oder beschließt, welche Maßnahmen auf Grund der Artikel 41 und 42 zu treffen sind, um den Weltfrieden und die internationale Sicherheit zu wahren oder wiederherzustellen.

Die allerwenigsten Länder werden gemäß einem UN-Mandat sanktioniert oder mit einem Embargo belegt. So wendet sich zum Beispiel die UN-Vollversammlung mit schöner Regelmäßigkeit dagegen, Kuba weiterhin unter Blockade zu halten. Die USA und Israel sind in aller Regel die einzigen Länder, welche sich dagegen aussprechen. (Neuerdings, seit der bekennende Faschist Bolsonaro in Brasilien an der Macht ist, waren es bei der Abstimmung vom Donnerstag, dem 7. November 2019, drei Länder, welche Kuba noch immer unter der Blockade halten wollen. 187 Länder haben sich gegen die Blockade ausgesprochen und zwei Länder haben sich der Stimme enthalten. Das Paradoxe ist nun, dass Kuba trotz dieser überaus klaren Mehrheitsverhältnisse unter der sogar noch verschärften Blockade leidet. Es handelt sich hier, wie in den anderen Fällen auch, um sogenannte „unilaterale Maßnahmen". Diese werden meist von den USA verhängt. Mit wirtschaftlichem, politischem und diplomatischem Druck zwingen sie jedoch andere Länder dazu, diese Maßnahmen, die, wir wiederholen es, von der UNO abgelehnt wurden, mit zu vollziehen. Das nennt man gemeinhin Erpressung und auch das ist klar illegal.

Es ist nicht statthaft, von Embargos oder Sanktionen zu reden. In aller Regel handelt es sich um Maßnahmen, die sich gegen Völker und Staaten richten, die von den USA und ihren (EU/ NATO) Vasallen (mit dabei „neutrale" Staaten wie die Schweiz, Irland, Österreich u.a.m.) zur Räson gebracht werden sollen. Mit anderen Worten: Staaten und Regierungen, welche den Weisungen aus Washington und Brüssel nicht Folge leisten, droht die Blokkade. Als Beispiele hierfür nennen wir erneut Kuba, Syrien, Venezuela und Nord-Korea. Andere Länder und Regierungen, bei denen Menschenrechtsverletzungen und Aggressionen gegen innen oder außen an der Tagesordnung sind, haben nichts zu befürchten. Hierfür seien die USA selbst, Israel, Saudi-Arabien und die Türkei als Beispiele für viele andere genannt. Sie werden nicht dem unterworfen, was unsere Medien beschönigend „Sanktionen" oder „Embargos" nennen. In Tat und Wahrheit sind diese Maßnahmen, wie wir weiter unten detaillierter darstellen werden, ein direktes Mittel der Kriegsführung. Es handelt in den allermeisten Fällen um Blockaden.

# Blockaden

Eine Blockade ist ein strategisches Mittel in der Kriegsführung. Mit einer Blockade wird versucht, die Versorgung des Gegners mit Gütern aller Art (vor allem Waffen und Lebensmittel) zu unterbinden, um den Gegner so zu schwächen, dass er zur Kapitulation gezwungen ist oder seine Stellung mit militärischen Mitteln eingenommen werden kann. Wahrscheinlich gibt es Blockaden seit es Kriege gibt. Allerdings ist zu bezweifeln, ob dieses Mittel jemals so flächendeckend und in dieser Brutalität und Unmenschlichkeit eingesetzt wurde, wie dies in unseren Tagen geschah, bzw. noch immer geschieht. Die Blockade heute ist nicht einfach ein weiteres Mittel, welches in einem Krieg angewandt wird. Mittels einer Blockade wird versucht, ein Volk in seiner Gesamtheit zu schädigen, zu destabilisieren und schließlich zu zerstören. Wird über ein Land eine Blockade verhängt, gibt es keinen wirtschaftlichen, politischen, gesellschaftlichen, kulturellen oder diplomatischen Bereich, der nicht davon betroffen ist. Medizinische Güter dürfen ebenso wenig ein- oder ausgeführt werden wie Lebensmittel oder Schulmaterial, Güter zur Wasseraufbereitung, Elektrizität, Güter für die Landwirtschaft und vor allem Erdölprodukte. Meist werden diese Blockaden mit dem Argument „*dual use*" begründet.[4] Oft wird kolportiert, mittels einer Blockade soll verhindert werden, dass dieses oder jenes Land Massenvernichtungswaffen beschaffen kann. Angesichts der Tatsache, dass Blockaden so gut wie immer von den USA und den NATO Staaten verhängt werden, kann eine solche Augmentation nur noch zynisch genannt werden.

Die Mechanismen, welche zu Sanktionen, Embargos und Blokkaden führen, sind komplex. Dazu kommt, dass eben diese Komplexität so gut wie immer überstrapaziert wird. Damit soll verhindert werden, dass die Menschen in den Ländern, welche die Blockaden – ob nun aus freien Stücken oder auf Druck des USA/NATO Klüngels – mit vollziehen, diese Verbrechen ihrer eigenen Regierungen möglichst nicht erkennen sollen. Indes kann dieses System durchbrochen werden. Ein Blick auf die von Blockaden betroffenen Völker in der Vergangenheit und der Gegenwart genügt.

---

[4] „*Dual use*": Produkte, die sowohl zivil als auch militärisch genutzt werden können.

# Welche Länder?

Wir haben nun Irak, Kuba, Nordkorea, Venezuela und Syrien als Beispiele für die verbrecherische Blockadepolitik des Westens genannt und in der gebotenen Kürze erläutert. Wir haben gesehen, dass Sanktionen, Embargos und Blockaden nicht einfach beliebige Instrumente der Politik sind, die gegen angebliche „Diktatoren“ oder „Tyrannen“ angewandt werden. Wir haben aufgezeigt, dass es immer und in jedem Fall das Volk ist, welches unter diesen Maßnahmen leidet und stirbt. Es kann in der Tat kein einziger Fall benannt werden, in dem eine vom Westen (USA, NATO Staaten und Vasallen) verhängte Blockade zu einer, wie auch immer gearteten Verbesserung der jeweiligen nationalen oder regionalen Lage geführt hat. Im Gegenteil muss immer wieder betont werden, dass Blockaden Teil des Problems oder das Problem an sich sind, keinesfalls jedoch sind sie Teil der Lösung.

Dies zeigt sich auch, wenn wir uns die Länder ansehen, welche von der imperialistischen Blockadepolitik betroffen sind. Länder, in denen Menschenrechtsverletzungen in der Tat an der Tagesordnung sind, Länder, welche andere Länder mit ihrem Aggressionspotential bedrohen oder angreifen, haben weder Sanktionen, Embargos, noch Blockaden zu befürchten. Genannt seien in diesem Zusammenhang die USA selbst, welche allein seit 1945 über 50 Kriege geführt haben, ohne dass sie jemals angegriffen wurden.[5] Aber auch die NATO, die sich noch immer heuchlerisch als „Verteidigungsbündnis“ definiert, ist mittlerweile auf so gut wie allen Schlachtfeldern des Planeten präsent, ebenfalls ohne dass jemals ein NATO-Mitglied angegriffen wurde. Diese Aggressoren- Staaten haben weder Sanktionen noch Embargos oder Blokkaden zu befürchten. Welche Länder also sind betroffen?

Mit einem Wort: Alle, die sich dem Diktat des US/NATO Imperialismus widersetzen und die auf ihrer Souveränität und ihrer Eigenständigkeit beharren. Das Selbstbestimmungsrecht der Völker gilt dann plötzlich nicht mehr. Hauptsächlich sind von den westlichen Blockaden die folgenden Länder betroffen: (Stand 2019)

---

[5] https://lwfreiheit.wordpress.com/usa-kriege-seit-1945/ (Zugriff März 2020)

*Von EU Sanktionen betroffene Länder:*[6]

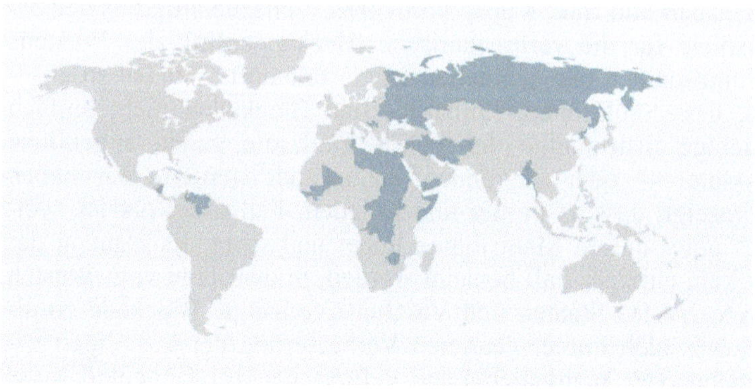

Afghanistan,
Belarus (Weissrussland),
Bosnien-Herzegowina,
Burundi,
Zentralafrikanische Republik,
China,
Demokratische Republik Kongo,
Ägypten,
Guinea,
Haiti,
Iran,
Irak,
Jemen,
Libanon,
Libyen,
Malediven,
Mali,
Moldawien,
Montenegro,
Myanmar (Burma),
Nicaragua,
Nord Korea,
Russland,
Serbien,
Somalia,
Süd-Sudan (Darfur),
Sudan,
Syrien,
Tunesien,
Ukraine,
Venezuela,
Simbabwe

[6] https://www.sanctionsmap.eu (Zugriff März 2020)

*Von US-Sanktionen betroffene Länder:*[7]

Global map of areas presenting US sanctions related risks for cross-border businesses

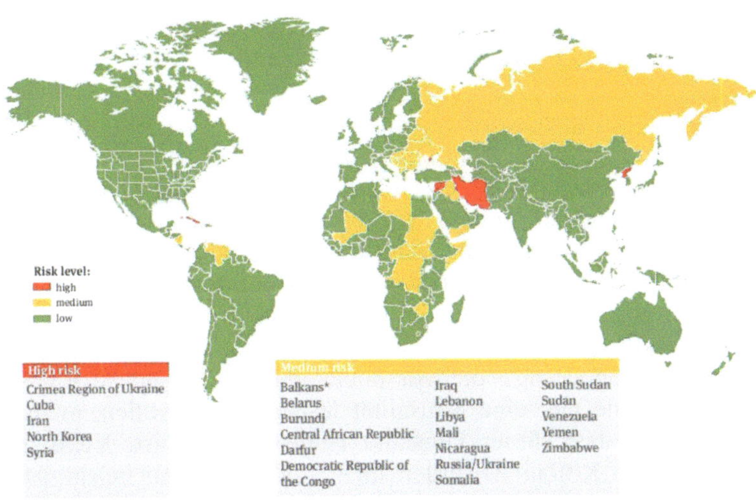


**Legende:**
**„Hohes Risiko" (rot):** Krim, Region der Ukraine, Kuba, Iran, Nord-Korea, Syrien

**„Mittleres Risiko" (gelb):** Die Balkanstaaten, Belarus (Weißrussland), Burundi, Zentralafrikanische Republik, Darfur, Demokratische Republik Kongo, Irak, Libanon, Libyen, Mali, Nicaragua, Russland/ Ukraine, Somalia, Süd-Sudan, Venezuela, Jemen, Simbabwe.

**„Geringes Risiko" (grün):** alle anderen

---

[7] Quelle: https://www.nortonrosefulbright.com/-/media/files/nrf/nrfweb/knowledge-pdfs/overview-of-us-sanction? (Zugriff März 2020)

Anzumerken ist: Die Intensität der Blockaden kann natürlich je nach politischer Konjunktur schwanken, ebenso wie Blockaden ganz aufgehoben oder neu verhängt werden können. Die USA und die EU verfahren in dieser Beziehung genauso, wie es ihnen beliebt und wie es ihnen passt. Internationales Völkerrecht kümmert sie dabei ebenso wenig wie ihre eigenen Gesetze. Es zählen lediglich die eigenen Interessen. Verglichen mit der Mentalität der USA und der EU gegenüber anderen Ländern ist ein Haifischbecken ein Streichelzoo. Es fällt auf, dass die Opfer der Blockaden, welche die EU und die USA verhängen, nicht zu 100% deckungsgleich sind. Hier können wir eher von einer Arbeitsteilung als von innerimperialistischen Differenzen oder gar Konflikten ausgehen.

Wir erkennen auch, dass mit wenigen Ausnahmen (Bosnien, Russland, Weißrussland China, Ukraine, Moldawien) mehrheitlich Länder mit Blockaden belegt werden, die ehemals Kolonien waren. (Im Fall des Iran [Persien] sprechen wir, unter Schah Reza Pahlavi, der von 1941 bis 1979 herrschte, von einer Kompradoren-Regierung[8], die vor allem unter der Ägide der USA stand). Ohne hier eine Kausalität feststellen zu wollen, meinen wir doch, dass dieser Umstand bemerkenswert ist. Viele der ehemaligen Kolonien werden nicht mit Blockaden belegt. Das mag entweder damit zusammenhängen, dass ein solches Vorgehen nicht in allen Fällen opportun ist, oder auch damit, dass es für die imperialistischen Staaten nicht notwendig erscheint. Wozu sollen zum Beispiel Länder wie Saudi-Arabien oder Kolumbien sanktioniert werden, deren Regierungen ja ohnehin alles tun, um die imperialistischen Interessen in ihren Regionen zu befördern?

Klar erkennbar ist anhand der Blockadepolitik des imperialistischen Lagers auch die Zweiteilung der Welt. Konnte bis zum Fall der Berliner Mauer und des real existierenden Sozialismus noch von einer Trennungslinie zwischen dem kapitalistischen und dem sozialistischen Lager („Eiserner Vorhang“) ausgegangen werden, verläuft die Trennungslinie heute entlang dem imperialistischen und dem nicht-imperialistischen Lager. Bewusst vermeiden wir hier den Begriff „anti-imperialistisches“ Lager. Nicht alle Staaten, die sich den imperialistischen Hegemoniegelüsten der USA und der NATO Staaten widersetzen, sind explizit anti-

[8] Kompradoren-Regierung: Regierung, die mit den Imperialisten verbunden ist.

imperialistisch. Oft beharren sie schlicht auf ihrem Selbstbestimmungsrecht und auf ihrer nationalen Souveränität.
Weiter fällt auf, dass die USA offenbar in einem Zustand pathologischer Paranoia leben. Bestimmt gilt dies jedoch für diejenigen, welche die obige Grafik zu verantworten haben. Für sie gibt es nur „Staaten mit hohem Risiko“ (rot), „Staaten mit mittlerem Risiko“ (gelb) und „Staaten mit geringem Risiko“ (grün). Freunde existieren in diesem Weltbild keine. Wer alle bekämpft, ist jedermanns Feind.
Staaten, die militärisch schwach sind, Staaten, die sich mit anderen, nicht-imperialistischen Staaten politisch, wirtschaftlich, militärisch, auch kulturell und natürlich diplomatisch verbünden, laufen generell Gefahr, von den imperialistischen Kräften USA und den NATO-Staaten angegriffen zu werden. Die geopolitische Lage der Länder spielt dabei ebenso eine Rolle, wie der Rohstoffreichtum des jeweiligen Landes.
Auch müssen wir uns fragen, weshalb Kuba auf der Sanktionsliste der EU nicht auftaucht. Offensichtlich haben sich die Gremien der EU entschlossen, die Blockade der Insel den USA zu überlassen. Als Folge davon vollziehen so gut wie alle westlichen Finanzinstitute, Konzerne und Firmen die Blockade mit – aus Furcht von Repressalien der USA. Scheinheilig wird dann versucht, der perplexen Öffentlichkeit diesen Opportunismus als „autonome Geschäftspolitik“ zu verkaufen. PostFinance zum Beispiel ist eine Tochtergesellschaft der staatlichen Schweizerischen Post, welche im Privatkundengeschäft und Geschäftskundengeschäft tätig ist und als solches zu den größten Schweizer Finanzinstituten gehört. Ab dem 1. September 2019 hat die PostFinance sämtliche Überweisungen nach Kuba eingestellt. Auf eine diesbezügliche Nachfrage wurde uns mitgeteilt, „*[..] es handle bei der Schließung des Zahlungsverkehrs nach Kuba um einen geschäftspolitischen Entscheid, der von PostFinance nicht kommentiert werde*“. Das ist verständlich. Der einzige Kommentar dazu kann nämlich nur lauten: „*Wir beugen uns dem Diktat der USA.*“ Dass dabei der von den kapitalistischen Ideologen so hoch gepriesene „freie Markt“ ebenso den Bach runter geht wie die ohnehin nur noch virtuelle Schweizerische Neutralität, wird offenbar als Kollateralschaden billigend in Kauf genommen.
Die Trennungslinie zwischen nicht-imperialistischen Gesellschaften und anti-imperialistischen Gesellschaften verläuft fließend. Auch hierfür liefert uns Kuba ein beredtes Beispiel. Die Revolutionäre Kubas unter Fidel Castro, Che Guevara und Cami-

lo Cienfuegos sind nicht mit einer explizit anti-imperialistischen oder antiamerikanischen Ideologie angetreten. Im Gegenteil suchten sie den Kontakt zu den USA und sie waren bestrebt, einen wirtschaftlichen Austausch mit ihnen zu etablieren. Erst nachdem klar wurde, dass jedes Regime im Weißen Haus eine kompromisslose Politik des „Alles oder Nichts“ verfolgte, wandelte sich auch die Politik der Kubaner. Kuba blieb allen Anfeindungen und der umfassenden Blockade zum Trotz standhaft und steht heute weltweit als Beispiel für den erfolgreichen Widerstand gegen Imperialismus.

Diese Bereitschaft mit allen Staaten, welche die Souveränität ihrer Partner respektiere, zusammen zu arbeiten, zahlt sich aus. Sowohl Kuba als auch Syrien und Venezuela haben nie damit aufgehört, ihre guten Beziehungen zu anderen Staaten und Völkern zu pflegen und auszubauen. Im Fall von Kuba manifestiert sich dies zum Beispiel an kubanischen ÄrztInnen, die ihre umfassende medizinische Theorie und Praxis der ganzen Welt zur Verfügung stellen. Syrien hat sowohl unter Hafez al-Assad als auch unter Bashar al-Assad immer wieder seine Solidarität, vor allem mit der palästinensischen Sache, unter Beweis gestellt. Venezuela schließlich verfolgt, mit seiner Politik des Sozialismus des 21. Jahrhunderts, einen Weg, der nicht anders als solidarisch genannt werden kann.

Die Macht des Imperialismus ist die Macht der Kanonen. Die Macht der nicht-imperialistischen Staaten ist die Macht der Argumente. Wenn die USA, die NATO, Israel und all ihre Vasallen nicht über einen chemisch und atomar verseuchten Friedhof herrschen wollen, haben sie keine Alternative: Sie müssen geltendes Völkerrecht endlich ohne Abstriche akzeptieren und einsehen, dass ihre Politik des „Teile und Herrsche“ endgültig Geschichte ist.

Sehen wir uns nun einige der Länder, welche von der US-amerikanischen und europäischen „Wertegemeinschaft“ mit Blockaden belegt wurden und werden, etwas genauer an. Eines der prominentesten Beispiele ist gewiss der Irak.

## Irak

Die Lügen zu den Aggressionen gegen den Irak, die Verbrechen gegen den Irak und die Opfer, welche dem irakischen Volk bis zum heutigen Tag aufgezwungen werden, passen nicht zwischen zwei Buchdeckel.

Wenn von Sanktionen, Embargos und Blockaden die Rede ist, nimmt der Irak in mehrfacher Beziehung eine Sonderstellung ein. Vordergründig war die Blockade gegen den Irak „legal“. Das heißt, der UN-Sicherheitsrat verabschiedete am 6. August 1990 die Resolution 661[9] mit einer Mehrheit von 13 Stimmen, 2 Enthaltungen und keiner Gegenstimme. Diese Resolution verpflichtete die internationale Gemeinschaft

a) *die Einfuhr aller aus Irak oder Kuwait stammenden Rohstoffe und Erzeugnisse, die nach dem Datum dieser Resolution von dort ausgeführt werden, in ihr Hoheitsgebiet zu verhindern.*
b) *alle Aktivitäten ihrer Staatsangehörigen oder auf ihrem Hoheitsgebiet, welche die Ausfuhr oder den Umschlag irgendwelcher Rohstoffe oder Erzeugnisse aus Irak oder Kuwait fördern würden oder zu fördern gedacht sind; und alle Geschäfte ihrer Staatsangehörigen oder ihre Flagge führender Schiffe oder auf ihrem Hoheitsgebiet mit aus Irak oder Kuwait stammenden Rohstoffen oder Erzeugnissen, die nach dem Datum dieser Resolution von dort ausgeführt werden, einschließlich insbesondere sämtlicher Geldtransfers an Irak oder Kuwait zum Zwecke solcher Aktivitäten oder Geschäfte zu verhindern. [...]*

Diese Bestimmungen wurden jedoch von Beginn an von den USA, den NATO und deren Vasallen derart ausgeweitet, dass im Irak schon sehr bald an ein normales Leben nicht mehr zu denken war. Die Blockade machte vor gar nichts halt. Schulmaterial, medizinisches Gerät, Pharmazeutika, schlicht alles war verboten, ein- oder ausgeführt zu werden. Zentral war vor allem die Wasseraufbereitung, welche durch das Verbot der dazu notwendigen Chemikalien nicht mehr gewährleistet werden konnte. 13 Jahre lang hielt dieser Zustand einer buchstäblichen Hungerblockade an. Und als ob es noch einen zusätzlichen Beweis gebraucht hätte, dass eine Blockade nichts anderes als ein anderes Mittel der Kriegsführung ist, begann am 20. März 2003 die flächendeckende Bombardierung des Zweistromlandes durch dic USA und ihre sogenannte „Koalition der Willigen“. 13 Jahre war der Irak durch die Blockade in einen Zustand versetzt worden, der es den imperialistischen Aggressoren schlussendlich erlaubte, das Land anzugreifen. Einsicht oder gar Reue kennen die imperialistischen

9 https://digitallibrary.un.org/record/94221#record-files-collapse-header (Zugriff März 2020)

Mächte nicht. Als Madeleine Albright (erste Frau im Amt der Außenministerin in den USA 1997-2001 unter Bill Clinton) am 20.5.1996 gefragt wurde, ob der Tod von 500.000 irakischen Kindern durch die Blockaden (von der Journalistin beschönigend „Sanktionen“ genannt), die eigentlich Saddam Hussein schwächen sollten, nötig waren, antwortete sie: *„Ich denke, es ist eine sehr schwere Wahl, aber der Preis, wir denken, es ist den Preis wert.“* (Original: *„This is a very hard choice, but we think the price is worth it.“*).[10] Zu diesem Zeitpunkt war Albright noch US-Botschafterin bei den Vereinten Nationen, später wurde sie Außenministerin in der Administration von Bill Clinton. Weder sie noch Bush, noch Clinton, noch irgendjemand innerhalb der US-Administration, der oder die für die Blockade und damit für die verheerenden, an Völkermord grenzenden Folgen verantwortlich sind, wurde für diese Verbrechen jemals zur Rechenschaft gezogen. Wen wundert es – die USA ebenso wie Israel anerkennen Den Haag nicht.
Saddam Hussein erhielt von der damaligen US-Administration den Bescheid, die USA würden den Einmarsch irakischer Truppen als „innerarabische Angelegenheit“ betrachten. Der Irak tappte in die Falle und marschierte in Kuwait ein. Auf Druck der UNO und der USA zog sich der Irak jedoch aus Kuwait zurück. Die USA massakrierten daraufhin die irakischen Truppen, die sich auf dem Rückzug befanden – ein weiteres, niemals geahndetes Kriegsverbrechen der USA, welches zeigt: Ihr einziges Ziel ist Zerstörung.
Durch den Beschluss des UN-Sicherheitsrates erhält die Blockade gegen den Irak eine Scheinlegitimität. Wie setzte sich der damalige UN-Sicherheitsrat, das Gremium, welches solch schwerwiegende Beschlüsse fasst, zusammen?
Aus der Volksrepublik China, Frankreich, Großbritannien, Sowjetunion und den USA als ständige Mitglieder, hinzu kamen Kanada, die Elfenbeinküste, Kolumbien, Kuba, Äthiopien, Finnland, Malaysia, Rumänien Jemen, Zaire (Heute Demokratische Republik Kongo) als nicht-ständige Mitglieder des UN Sicherheitsrates.
Von ihnen also kam der Beschluss, die irakische Infrastruktur zu liquidieren. Als Folge dieses Beschlusses starben im Irak, wie oben erwähnt, eine halbe Million Kinder, das sind mehr tote

[10] https://medium.com/@bmd329/is-the-price-worth-it-the-crippling-effects-of-u-n-sanctions-in-iraq-481d4a89bdd2 (Zugriff März 2020)

Kinder, als die beiden von den USA abgeworfenen Atombomben über Hiroshima und Nagasaki zu verantworten haben. Macht der Beschluss des UN-Sicherheitsrates das Morden im Irak legal? Auf moralischer Ebene muss diese Frage gar nicht erst gestellt werden. Selbstverständlich kann ein derartiges Morden, das bewusst in Kauf genommen wird, durch gar nichts legitimiert werden. Wie aber sieht es auf völkerrechtlicher Seite aus?
Wir werden namhafte VölkerrechtlerInnen finden, welche mit juristischer Argumentation die Blockade gegen den Irak verurteilen. Rasch wird dann jedoch die andere Seite ebenso viele VölkerrechtlerInnen beibringen, welche die Blockade nicht nur legal nennen werden, sondern diese gar ausdrücklich gutheißen.[11]

**So kommen wir nicht weiter.**
Es ist jedoch zielführend, sich die politischen und globalen Verhältnisse von 1990, als der UN-Sicherheitsrat den verhängnisvollen Beschluss fasste, anzusehen. Ein wichtiges, wenn nicht das wichtigste Ereignis jener Zeit war der Zusammenbruch der Sowjetunion und des real existierenden Sozialismus. Die Geschichte dieser Geschehnisse ist bis zum heutigen Tag nicht vollständig geschrieben, geschweige denn aufgearbeitet worden. Fakt ist jedoch: Als die fragliche Abstimmung im UN-Sicherheitsrat stattfand, hatte Michail Gorbatschow die Sowjetunion bereits mit Hilfe von „Perestroika" und „Glasnost" zerlegt. Während ihm der Westen zujubelte, zerfiel nicht nur die Sowjetunion, sondern der gesamte real existierende Sozialismus. Damit begann auch die „Osterweiterung" der NATO, und diese Ostererweiterung begann mit einer Lüge: Der damalige Außenminister der Vereinigten Staaten, James Baker, erklärte am 9. Februar 1990 im Katharinensaal des Kremls in Bezug auf Deutschland, bzw. in Bezug auf die Zustimmung Moskaus zur Annexion der DDR:
„*Das Bündnis werde seinen Einflussbereich ‚nicht einen Inch weiter nach Osten ausdehnen', falls die Sowjets der NATO-Mitgliedschaft eines geeinten Deutschland zustimme.*"[12] Dieses

[11] http://www.ag-friedensforschung.de/themen/Embargo/taz.html (Zugriff März 2020)

[12] https://blackandwhiteforumnachrichten.wordpress.com/2014/03/02/der-westen-hat-alle-zusagen-gebrochen-die-er-bei-den-verhandlungen-uber-die-deutsche-einheit-gegeben-hat-die-sicherheitsbedurfnisse-russlands-stets-zu-berucksichtigen-und-die-nato-nicht-in-richtung/ (Zugriff März 2020)

Versprechen von Baker erinnert uns an die Verträge, welche die damaligen Machthaber der USA mit den indigenen Völkern des Kontinents abgeschlossen haben: Auch diese Verträge wurden gebrochen, noch bevor die Tinte auf dem Papier trocken war. Das Resultat war der fast vollständige Genozid der nordamerikanischen Indigenas.

Schließlich übernahm am 25. Dezember 1991 in Moskau Boris Jelzin die Macht. Obwohl die Sowjetunion formell erst am 31. Dezember 1991 aufhörte zu existieren, erklärt sich damit das Abstimmungsverhalten der ständigen und nichtständigen Mitglieder des UN-Sicherheitsrates weitgehend: Nach dem Einbringen einer Resolution, welche die Strangulierung des Iraks mittels einer Blockade fordert, wäre es eigentlich Sache der Sowjetunion gewesen, dagegen ihr Veto einzulegen. Bedingt durch die inneren Umwälzungen war die sowjetische Politik nicht in der Lage, ihre Verantwortung im UN-Sicherheitsrat wahrzunehmen. Zu keinem einzigen Zeitpunkt war die Blockade unumstritten. Während der Blockade waren laut UNICEF fast eine Million irakischer Kinder chronisch mangelernährt, es mangelte im ganzen Land an sauberem Trinkwasser. Durchfallerkrankungen waren neben Atemwegserkrankungen Todesursache Nr. 1 bei Kindern im Irak. Millionen Iraker waren auf Nahrungsmittelzuteilungen angewiesen. Zwei UN-Koordinatoren traten zurück: Im September 1998 Dennis Halliday (Irland) und im Frühjahr 2000 sein Nachfolger, Hans-Christof Graf von Sponeck (Deutschland). Beide beklagten in aller Öffentlichkeit die verheerenden Auswirkungen der westlichen Sanktionspolitik.[13]
Gleichwohl wurde die Blockade mit aller Brutalität aufrechterhalten. Offen bleibt, wer wie abgestimmt hat, bzw. wem die beiden Stimmenthaltungen zuzurechnen sind. Offen bleibt auch die Rolle Chinas in jenen Tagen. Weshalb ist die Volksrepublik nicht in die Bresche gesprungen und hat das Veto gegen den Blockadebeschluss eingelegt?

Die über den Irak verhängte Blockade war sowohl eine Kriegshandlung als auch die Vorbereitung der Angriffe, die schließlich am 20. März 2003 begonnen haben und deren Auswirkungen bis zum heutigen Tag andauern. Die Blockade gegen den Irak ist in vielerlei Hinsicht exemplarisch. Sie zeigt deutlich den morali-

---

[13] https://www.lpb-bw.de/irak_konflikt.html (Zugriff März 2020)

schen Bankrott der westlichen imperialistischen Gesellschaften auf. Exemplarisch ist auch die Verlogenheit, mit der bis heute versucht wird, die Blockade vor der Weltöffentlichkeit zu rechtfertigen: Ein Präsident, eine Regierung, ein ganzes Volk wird, auch mit Hilfe von NGO's wie Amnesty International, verleumdet und so wird eine Atmosphäre der Dämonisierung geschaffen. Nicht einzelne, sondern sämtliche Vorwürfe, die gegen den Irak erhoben wurden und die zur Rechtfertigung der unmenschlichen Blockade und des Vernichtungskrieges dienten, haben sich als Lügen herausgestellt. Ebenfalls exemplarisch sind die nicht deklarierten, aber durchaus beabsichtigten Folgen der Blockade: Beabsichtigt war, den Irak sturmreif für die erneuten, ab 2003 erfolgten Angriffe zu machen und das einst blühende Land in seiner Gesamtheit zu zerstören. Das Wort Genozid ist diesem Zusammenhang gewiss angebracht und die dafür Verantwortlichen, vor allem in den USA und in Großbritannien (Bush, Blair, Rumsfeld, Powell, Cheney unter vielen anderen) dürfen sich heute genau wie Albright fragen, ob es das wohl wert war. Zur Verantwortung gezogen wurde, wie oben erwähnt, bis zum heutigen Tag keiner und keine von ihnen. Nicht exemplarisch ist die geo-politische Situation, in der das Verbrechen stattfand. Der Zusammenbruch der Sowjetunion und des real existierenden Sozialismus ist ein historisch einmaliges Ereignis und die imperialistischen Mächte USA, Europa und die NATO-Staaten scheuten nicht davor zurück, diese Vorfälle bis zum Exzess zu ihrem Vorteil auszunutzen. Dadurch konnte der Blockade der Anschein der Legitimität gegeben werden, zumindest solange, bis aufrechte UN-Beamte wie die bereits erwähnten Halliday und von Sponeck ihren Widerspruch einlegten.

Bei Betrachtung der Gesamtkonstellation erübrigt es sich, nach der völkerrechtlichen oder sonst wie juristischen Legitimität der Blockade zu forschen. Die Folgen für das gesamte Volk des Iraks sind bis zum heutigen Tag derart schrecklich, dass es ein Zynismus ohnegleichen ist, in diesem Zusammenhang von einer wie auch immer gearteten „Legitimität" zu sprechen. Die Blockade gegen das irakische Volk war ein Verbrechen gegen die Menschlichkeit, der darauf folgende Angriffskrieg gegen das irakische Volk (der bis heute andauert) ist ein Verbrechen gegen die Menschlichkeit, aufgebaut auf einem Lügenkonstrukt. Bush, Blair und Konsorten werden, so wie sich die Machtverhältnisse heute präsentieren, wohl kaum vor ein Gericht gestellt werden.

Aber um ein Wort von Fidel Castro abzuwandeln: „Die Geschichte wird sie verurteilen“.[14]

## Kuba

Anfang 1959 stürzte das kubanische Volk unter der Führung von Fidel und Raúl Castro, Camilo Cienfuegos und Ernesto Guevara, bekannt unter dem Namen *Che*, den kubanischen Diktator Fulgencio Batista. Ab 1961 (Deklaration von Havanna) errichteten sie einen sozialistischen Staat. Seither steht das kubanische Volk unter einer Dauerblockade der USA und der mit ihnen verbündeten Mächte.
Das kubanische Volk leidet somit am längsten unter den Auswirkungen einer – auch völkerrechtlich – illegalen Blockade. Immer wieder verurteilen die Institutionen der UNO die Blockade gegen Kuba und immer wieder kümmern sich weder die USA noch ihre Vasallen um diese bindenden UNO-Resolutionen. So votierten am 7. November 2019 187 Staaten der UN-Vollversammlung gegen die Blockade. Die USA, Israel und Brasilien unter dem bekennenden Faschisten Jair Bolsonaro stimmten dafür, bei zwei Stimmenthaltungen. Die USA setzen sich über diese verbindlichen Entscheidungen der Staatengemeinschaft hinweg und verschärfen gar die Blockade. Dabei stützen sie sich auf die niemals widerrufene Monroe Doktrin. Die Monroe-Doktrin geht auf die Rede zur Lage der Nation vom 2. Dezember 1823 zurück, in der US-Präsident James Monroe vor dem Kongress die Grundzüge einer langfristigen Außenpolitik der Vereinigten Staaten entwarf. Darin kündigte er u.a. ein Eingreifen der USA für den Fall an, dass die (damaligen) europäischen Kolonialmächte diese politischen Grundsätze ignorieren sollten. Die Forderungen der Doktrin gipfeln in der Parole „Amerika den Amerikanern“, womit selbstverständlich ausschließlich die USA gemeint sind.
1960 begann die US Administration unter Eisenhower mit der Wirtschafts- Handels- und Finanzblockade gegen Kuba. Erklärtes Ziel war das, was heute „Regime Change“ genannt wird, nämlich ein Sturz der revolutionären Regierung Kubas. Die pseudojuristi-

---

[14] *Die Geschichte wird mich freisprechen* (span. *La historia me absolverá*) ist der später gewählte Titel der Verteidigungsrede, die Fidel Castro als Plädoyer hielt, als er am 16. Oktober 1953 wegen des von ihm organisierten Angriffs auf die Moncada-Kaserne vor Gericht gestellt wurde.

sche Grundlage für dieses Vorgehen war der „*Trading With The Enemy Act*“ (TWEA) von 1917.[15] Demnach sind Handel oder finanzielle Transaktionen mit einem Kriegsgegner oder einem Land, über das der nationale Notstand erklärt wurde, verboten. Dieser „nationale Notstand“ wird seit 1978 von jedem US-Präsidenten um jeweils ein Jahr verlängert. Verschärfungen der Blockade gab es 1992 mit dem Torricelli-Gesetz und 1996 mit dem Helms-Burton Gesetz. Mit der Implementierung dieser Gesetze wurde die US-Blockade gegen Kuba auf Gesetzesstufe angehoben. Damit lag im Großen und Ganzen die Entscheidungsgewalt über die Anwendung der Blockade nicht mehr allein in der Hand des jeweiligen Präsidenten. Zu dieser pseudorechtlichen Grundlage der Blockade schreibt die deutsche Ausgabe der kubanischen Zeitung Granma am 16. September 2016:

*[...] Das vom Kongress am 6. Oktober 1917 gebilligte Gesetz über den Handel mit dem Feind gibt dem Präsidenten die Möglichkeit, den Handel mit Ländern, die den Vereinigten Staaten „feindlich“ gesonnen sind, zu beschränken und wirtschaftliche Sanktionen zu verhängen, in Kriegszeiten oder in jeder anderen Zeit nationalen Notstands und verbietet den Handel mit dem Feind oder Verbündeten des Feindes während kriegerischen Konflikten.*

*Nach diesem Gesetz, dem ältesten seiner Art, wurden 1963 die Vorschriften zur Kontrolle des kubanischen Vermögens verabschiedet, nachdem die Blockade gegen Kuba 1962 von Präsident John F. Kennedy ebenfalls auf der Grundlage dieses Statuts verhängt worden war.*

*Kuba ist heute das einzige Land, für das diese Gesetzgebung immer noch gilt. Andere Länder wie China, die Demokratische Volksrepublik Korea und Vietnam waren in der Vergangenheit ebenfalls von ihr betroffen.*

*Eine der Absurditäten beim Einsatz dieses irrationalen Gesetzes gegen Kuba besteht darin, dass das Weiße Haus in Bezug auf Kuba niemals einen nationalen Notstand ausgerufen hat und beide Länder sich nicht im Krieg miteinander befinden. Ungeachtet dessen haben aufeinanderfolgende US-Präsidenten die Anwendung dieses Gesetzes immer wieder verlängert.*

*Diese Gesetzgebung ist Teil des rechtlichen Rahmens der Blokkade, der andere Gesetze und Verwaltungsvorschriften abdeckt,*

---

[15] https://www.govinfo.gov/app/details/USCODE-2011-title50/USCODE-2011-title50-app-tradingwi (Zugriff März 2020)

*wie das Gesetz über die Ausländische Hilfe (1961), das Gesetz über die Verwaltung der Ausfuhren (1979), das Torricelli-Gesetz (1992) sowie das Helms-Burton-Gesetz (1996).*
*Die Handels-, Wirtschafts- und Finanzblockade gegen Kuba hat von April 2017 bis März 2018 Verluste in Höhe von 4 Milliarden 321 Millionen 200.000 Dollar verursacht und ist eine der Hauptursachen für die Verknappung von Nahrungsmitteln und Kraftstoffen und die Schwierigkeit, Ersatzteile zu erwerben.*[16]

Die anhaltende Blockade gegen Kuba beweist jedoch auch, dass das Überleben des Volkes in Würde trotz Blockade möglich ist. Nicht nur das: Kuba feiert, allen Anfeindungen, vor allem der USA zum Trotz, beeindruckende Erfolge. So ist zum Beispiel die medizinische Versorgung der Bevölkerung vorbildlich und dies nicht nur für den mittel- und südamerikanischen Raum, sondern weltweit. Ebenso ist die Schulbildung für alle gewährleistet und auf Kuba braucht niemand zu hungern. Diese Bilanz verdankt Kuba natürlich in erster Linie dem Widerstandswillen, der revolutionären Gesinnung und der Kreativität des Volkes und der Regierung. Nicht vergessen sollen wir jedoch, dass Kuba weltweite Solidarität erfährt, sei es von solidarischen Einzelpersonen, von Organisationen oder von Staaten. Die Süd-Süd Kooperation, auf die wir noch detaillierter eingehen werden, ist ein wichtiges Instrument der vom Imperialismus angegriffenen Staaten. Dies wird auch durch mehrere Gespräche bestätigt, die Fidel Castro und Saddam Hussein führten und die u.a. in der Biografie von Saddam Hussein (Autor Dr. Amer Iskander) festgehalten sind.[17]
Aber auch andere Staatsmänner, deren Länder vom Imperialismus angegriffen werden, arbeiteten miteinander, untereinander und selbstverständlich auch mit Kuba zusammen. Erwähnt seien Venezuela, Sudan, Syrien, und viele andere Staaten. Allgemein kann gesagt werden, dass die kubanische Regierung mit allen Institutionen und Staaten zusammenarbeitet, welche die Souve-

---

[16] http://de.granma.cu/mundo/2019-09-16/gesetz-des-handels-mit-dem-feind-ein-instrument-das-die-usa-ausschliesslich-gegen-kuba-anwenden (Zugriff März 2020)

[17] Dr. Amer Iskander: „Saddam Hussein, der Kämpfer, der Denker der Mensch" von http://www.albasrah.net/index.php
zum Download zur Verfügung gestellt unter:
http://articles.abolkhaseb.net/en_articles_2006/0406/Saddam_Hussein_al_basra.pdf (Zugriff März 2020)

ränität und die Integrität Kubas achten. Allerdings gestaltet sich diese Zusammenarbeit vor allem mit westlichen Partnern äußerst schwierig. Wer immer sich erdreistet, mit Kuba Handel zu treiben, setzt sich dem Zorn und in der Folge den Sanktionen der USA aus. Abgesehen von der völkerrechtswidrigen Komponente hinter dieser Politik muss man sich schon auch fragen, inwiefern derartiges Handeln mit der freien Marktwirtschaft vereinbar ist. Diese „freie Marktwirtschaft" ist für alle kapitalistischen Gesellschaften eine heilige Kuh. Auf dem Altar der US-Hörigkeit darf sie indes offenbar ohne Bedenken geschlachtet werden.

## Nordkorea

Die Demokratische Volksrepublik Korea wurde am 9. September 1948 proklamiert und umfasst den nördlichen Teil der Koreanischen Halbinsel.
1910 wurde die Koreanische Halbinsel von Japan angegriffen und annektiert.
Die Teilung des Landes begann nach dem Zweiten Weltkrieg mit der Aufteilung Koreas in eine US-amerikanische und eine sowjetische Besatzungszone, aus denen 1948 infolge der Teilung Koreas zwei unabhängige Staaten hervorgingen. Der von den USA losgetretene Koreakrieg (1950 bis 1953) besiegelte die Spaltung der koreanischen Halbinsel.

Der amerikanische Präsident Harry S. Truman hatte bereits wieder einige Truppen nach Südkorea geschickt, die jedoch keinesfalls ausreichten, um die materielle Überlegenheit der Nordkoreaner über die südkoreanische Armee auszugleichen. Die Hauptstadt Seoul fiel bereits nach drei Tagen, und rund einen Monat später kontrollierten die Nordkoreaner bereits die gesamte Koreanische Halbinsel. Der UNO-Sicherheitsrat beschloss in der Resolution 85[18] in Abwesenheit der vetoberechtigten Sowjetuni-

---

[18] Die Resolution 85 des UNO-Sicherheitsrates wurde auf der 479. Versammlung des Gremiums am 31. Juli 1950 beschlossen und autorisierte das militärische Eingreifen einer UNO-Streitmacht in Korea, nachdem die Truppen Nordkoreas – nach Provokationen – 1950 in den Süden des Landes einmarschiert waren. Die Abstimmung erfolgte in Abwesenheit des sowjetischen Vertreters Jakow Malik, da die UdSSR von Januar bis August 1950 ihren Vertreter im Rat aus Protest gegen die Nichtberücksichtigung der Volksrepublik China abgezogen

on, auf Seite Südkoreas einzugreifen. Mit der Landung bei Incheon Mitte September 1950 gelang es den UN-Truppen, die zu 90 % aus US-amerikanischen Truppen bestanden, die Erfolge der Nordkoreaner zu beenden. Am 30. September überschritten die Truppen Südkoreas den 38. Breitengrad, um Korea unter eigener Flagge wiederzuvereinigen. Im November erreichte man erste Abschnitte des Grenzflusses Yalu zu China. Dieses befürchtete, dass die Truppen die Grenze überschreiten könnten, wie der für die UN-Operation verantwortliche General Douglas MacArthur gefordert hatte, und griff daraufhin mit einer Freiwilligenarme in den Koreakrieg ein. Die UN-Truppen wurden bis über den 38. Breitengrad zurückgedrängt, wo sich die Situation festigte.
Ab 1951 begann man unter der Vermittlung der Sowjetunion mit Waffenstillstandsverhandlungen. Der Waffenstillstand wurde am 27. Juli 1953 beschlossen, unterzeichnet wurde er von UN-Vertretern Nordkoreas und Chinas. Der Präsident Südkoreas Syngman Rhee weigerte sich, den Vertrag zu unterzeichnen. Vorgesehen wurde die Einrichtung einer vier Kilometer tiefen demilitarisierten Zone ungefähr am 38. Breitengrad sowie von Verhandlungsräumen in Panmunjeom. Die demilitarisierte Zone bildet auch heute noch die Grenze der beiden koreanischen Staaten.
Zeitgleich mit dem Angriff gegen Korea am 25. Juni 1950 begann auch die Blockade gegen Nordkorea. Damit ist die Demokratische Volksrepublik Korea das Land, welches mit Abstand am längsten unter Embargos, Sanktionen und Blockaden zu leiden hat. Analog zum Irak gilt auch hier: Selbst wenn diese Blokkaden durch die UN-Institutionen „legalisiert" wurden, sind sie gleichwohl von einem moralischen und humanitären Standpunkt aus zu verurteilen. Analog zu anderen Ländern unter Blockade geht es auch hier darum, die Hegemonie des Imperialismus, diesmal in Südostasien, zu zementieren. Ebenfalls analog zu anderen Ländern unter Blockade ist die tatsächliche Legitimität unter VölkerrechtlerInnen umstritten.
Colin L. Powell, US Generalstabschef, 2001 bis 2005 Außenminister der USA und als solcher verantwortlich für die Lügen, welche die USA vor den Gremien der UNO zu den Massenvernichtungswaffen des Iraks verbreiteten, sagte im Jahr 1995 über Nordkorea:

---

hatte. Die einzige Enthaltung kam von Jugoslawien. Die darauf nach Korea entsandte UNO „Friedenstruppe" stand unter US-Kommando und bestand zu 90% aus US-amerikanischen Streitkräften.

*„Falls wir irgendwann den Verdacht haben sollten, dass sie [Nordkorea] Atomwaffen benutzen werden oder sie tatsächlich einsetzen, dann machen wir aus ihnen Holzkohle-Briketts.“*[19]
Die Gründe, welche genannt werden, um die Blockade vor den Augen der Weltöffentlichkeit zu „rechtfertigen“ sind ebenso fadenscheinig und leicht zu widerlegen wie alle Gründe, welche gegen die Aufhebung von Blockaden gegen irgendein Land ins Feld geführt werden. In Nordkorea geht es vordergründig um die Atomwaffen, welche das Land besitzt und testet. Hier fällt einmal mehr auf, dass das Volk Nordkoreas für einen Tatbestand unter Blockade gestellt wird, während hingegen Israel für exakt denselben Tatbestand keinerlei Sanktionen zu befürchten hat. Selbst die Israel gegenüber notorisch freundlich gesinnte Wikipedia räumt ein:
*„Israelische Atomwaffen sind ein offiziell nicht eingeräumter, langjährig vermuteter und seit 1985 öffentlich bekannt gewordener Teil der militärischen Bewaffnung Israels. Israel ist neben Indien, Pakistan und Nordkorea nicht Vertragspartner des Atomwaffensperrvertrages, wird aber zu den faktischen Atommächten gezählt.“*[20]

Aller Hetze und aller medialen Kriegsführung gegen Nordkorea zum Trotz: Das Land behauptet sich seit 1950 gegen die imperialistischen Angriffe, vor allem gegen die Angriffe der USA. Dies auf jedem Gebiet: Militärisch, wirtschaftlich, kulturell, diplomatisch. Die Blockade ist umfassend. Dass ein Volk, eine Regierung und eine Armee trotz dieser anhaltenden Aggression und Blockade noch immer aufrecht und beispielhaft für andere angegriffene Völker steht, ist beachtlich und verdient unseren Respekt und unsere Solidarität.

---

[19] https://www.gegenfrage.com/nordkorea-sanktioniert-isoliert-und-bedroht-seit-63-jahren/ (Zugriff März 2020)
Diese und viele andere Aussagen aus höchsten Rängen der US-Regierung finden in der westlichen Presse natürlich eher keine Beachtung. Eine schöne Zusammenfassung dazu gibt es hier: https://www.globalresearch.ca/north-korea-the-broad-geopolitical-implications-of-the-death-of-kim-jong-il/28315?print=1
(Zugriff März 2020)

[20] https://de.wikipedia.org/wiki/Israelische_Atomwaffen
(Zugriff März 2020)

# Venezuela

Von 1998 bis zu seinem Tod im Jahre 2013 regierte in Venezuela Präsident Hugo Rafael Chávez Frías. Chávez war ein äußerst populärer Präsident, dessen Einfluss weit über Venezuela hinausreichte. Chavez' Bolivarische Revolution bezog sozialistische und marxistische Ideen ein und nutzte nach der Verstaatlichung der Schlüsselindustrien den Ölreichtum Venezuelas zur Finanzierung des „Sozialismus des 21. Jahrhunderts", vor allem in der Sozialpolitik. Das Modell des Sozialismus des 21. Jahrhunderts basiert nur zu einem Teil auf der marxistischen Philosophie und Ökonomie. Insbesondere die Ökonomie der Gleichwertigkeit geht auf einen nichtmarxistischen Autor, den Bremer Wissenschaftler Arno Peters zurück, der sich als Geograph und Historiker einen Namen machte, bevor er die Theorie der Äquivalenzökonomie entwickelte. Die Äquivalenzökonomie ist ein Konzept für eine Form des Sozialismus, die den Marktwert von Waren durch den Wert der in ihnen enthaltenen „lebendigen Arbeit" (Karl Marx) ersetzen will. – Sie wurde von Arno Peters vertreten und wird heute von dem deutschen Sozialwissenschaftler Heinz Dieterich gelehrt. Die Arbeiten Dieterichs beeinflussten maßgeblich Hugo Chávez und auch Fidel Castro. Diese bolivarische Politik wird nach Chávez Tod von seinem Nachfolger Nicolas Maduro fortgesetzt.

Die mit dieser Politik erzielten Erfolge sind in der Tat beeindrukkend:

Die Wirtschaftspolitik der Chávez-Regierung bewirkte eine Minderung der Armutsrate um 50 Prozent, von 49% der Haushalte Anfang 1998 auf 24% Ende 2009.

Im Bereich der Bildung und Erziehung konnte die Regierung die Rate der Universitätsstudenten fast verdreifachen. 1999 waren es 28 von 1.000 Einwohnern, 2007 bereits 78 von 1.000. 1999 gab es 657.000 Universitätsstudenten, 2007 bereits 2,1 Millionen.

In der Abdeckung mit Renten- und Sozialversicherungen und dem Leistungsumfang der Sozialversicherung für Rentner hat es ein beständiges Wachstum gegeben. Die Mittel hierfür wurden verdoppelt, von 2,28 Prozent des BIP im Jahre 1999 auf 4,75 Prozent des BIP im Jahre 2008. Die Abdeckung der Bevölkerung verbesserte sich von 20,3 Prozent der über 60-Jährigen im Jahre 2000 auf 43,3 Prozent im Jahre 2009.

Die Venezolaner berichten, dass sie als Resultat dieser Politik ein außergewöhnlich hohes allgemeines Wohlbefinden genießen.[21] Selbstverständlich wird diese Politik von den USA – und in der Folge auch von der EU – aufs Äußerste bekämpft.
Neben diversen Undercover-Aktionen der USA und des imperialistischen Blocks, welche Venezuela destabilisieren sollten – seit Neustem zum Beispiel durch die Unterstützung der US-Marionette Juan Guaidó, der nach dem Willen der USA einen „Regime Change" herbeiführen und den legitimen und gewählten Nachfolger von Chávez, Präsident Nicolás Maduro, ersetzen soll – wird Venezuela auch mit einer Blockade belegt. Wie bereits im Fall von Kuba berufen sich die USA in Venezuela ebenfalls auf die oben erwähnte Monroe-Doktrin. Die Souveränität des Staates Venezuela kümmert sie dabei ebenso wenig wie das Völkerrecht oder das Wohlergehen des Volkes von Venezuela. Dass Blockade ein Mittel der Kriegsführung ist, beweist sich auch im Fall Venezuelas. Die Argumente, die ins Feld geführt werden und mit denen die öffentliche Meinung im Westen hergestellt und in die Irre geführt wird, sind identisch mit anderen Fällen. Wir nennen Kuba, Syrien oder Iran als Beispiele: Der Öffentlichkeit wird vorgegaukelt, eine Blockade werde wegen „Menschenrechtsverletzungen", wegen „mangelnder Demokratie", wegen einer bestehenden oder drohenden „Diktatur", oder wegen sonstigen angeblichen Gräueln der im Fadenkreuz stehenden Länder verhängt. Immer und in jedem Fall sind es jedoch wirtschaftliche oder hegemoniale Interessen der USA, der EU und ihrer Vasallen, welche dazu führen, ein Land unter Blockade zu stellen. So auch im Fall von Venezuela. Venezuela verfügt – neben seiner geopolitischen Bedeutung in Südamerika – über die weltweit größten Erdölreserven. Dies könnte Venezuela zu einem der reichsten Länder der Welt machen. Dass dem nicht so ist, ist der Politik der USA und der EU geschuldet, welche einem Gesellschaftsmodell, das nicht auf Kapitalismus und Ausbeutung beruht, nicht nur kritisch, sondern feindlich gegenüberstehen. Wo wirtschaftlicher Interventionismus nicht zum Ziel führt, werden härtere Methoden angewandt. Ausdrücklich wird der direkte militärische Angriffskrieg dabei nicht ausgeschlossen. Wenn es um die sogenannten „vitalen Interessen" der USA oder der Euro/NATO Staaten geht, wird jede Moral, jedes Völkerrecht, jede

[21] https://amerika21.de/analyse/24313/zwoelf-jahre-chavez (Zugriff März 2020)

Humanität zur reinen Makulatur. Was zählt, sind nur noch handfeste politische und militärische Interessen. Diese Interessen beschränken sich denn auch nicht auf einzelne Länder oder Regionen, sie müssen global gewürdigt werden. So hörte der Autor zum Beispiel im Jahr 2003 in einem Vortrag den damaligen Botschafter Venezuelas auf einem Vortrag in Deutschland sinngemäß sagen: „*Unter der Führung von Hugo Chávez haben wir in Venezuela die bolivarische Revolution geführt und gewonnen. Uns allen ist jedoch bewusst, dass für unsere Revolution auch das Volk in den Straßen von Bagdad geblutet hat. Durch ihren Angriffskrieg gegen den Irak hatten die USA keine Kapazitäten, um sich um ihren sogenannten Hinterhof zu kümmern.*“[22]
Diese Worte zeugen von einem höchst ausgereiften internationalistischen Bewusstsein, welches höchsten Respekt verdient.
Wie in anderen Fällen auch, sind die Folgen der Blockade auch in Venezuela vor allem für die Ärmsten der Armen verheerend.
Über die Folgen der transatlantischen Sanktionen gegen Venezuela liegen inzwischen umfassende Studien vor. So stellte bereits im April 2019 eine Studie des Washingtoner *Center for Economic and Policy Research* (CEPR)[23] fest, die Lebensmittelimporte in das Land seien aufgrund der Sanktionen dramatisch eingebrochen. Dies habe dazu geführt, dass laut offiziellen Angaben gut 22 Prozent aller venezolanischen Kinder wegen Mangelernährung im Wachstum zurückgeblieben seien. Es gebe einen eklatanten Mangel an Medikamenten, der mehr als 300.000 Personen stark gefährde, darunter HIV-, Krebs- und Dialysepatienten. Es sei offensichtlich, dass die Sanktionen vor allem „die ärmsten und verletzlichsten Venezolaner“ träfen. Das CEPR schätzt die Zahl der Todesopfer alleine zwischen 2017, als die Sanktionen verschärft wurden, und 2018 auf über 40.000. Damit sind in kurzer Zeit mehr Zivilisten durch die Blockade der USA und der EU in Venezuela ums Leben gekommen als im Jahr 2018 im Krieg in Afghanistan. Das CEPR kommt zu dem Ergebnis, die Sanktionen entsprächen der Definition einer Kollektivbestrafung der Zivilbevölkerung, wie sie sowohl laut der Genfer Konvention, der Haager Landkriegsordnung, als auch – man lese und staune – den US-Gesetzen verboten ist. (*They are also illegal*

---

[22] Cesar Mendez anlässlich eines Vortrages in Bremen (aus dem Gedächtnis zitiert)

[23] http://cepr.net/reports/economic-sanctions-as-collective-punishment-the-case-of-venezuela (Zugriff März 2020)

*under international law and treaties that the US has signed, and would appear to violate US law as well*).

Der UN Sonderberichterstatter Idriss Jazairy, vom dem weiter unten noch die Rede sein wird, verurteilt die euphemistisch „Sanktionen" genannte Blockade explizit. Mit Blick auf die Blockaden gegen Kuba, Syrien, Venezuela (u.a.m.) durch die USA und die EU äußert sich Jazairy wie folgt: „*Regime Change durch wirtschaftliche Maßnahmen, die wahrscheinlich zum Entzug grundlegender Menschenrechte und womöglich sogar zu Hungersnot führen, ist nie eine anerkannte Praxis in den internationalen Beziehungen gewesen. Gravierende politische Konflikte zwischen Regierungen dürfen nie durch die Herbeiführung wirtschaftlicher und humanitärer Katastrophen gelöst werden, die das einfache Volk zu Schachfiguren und Geiseln degradieren.*"[24]

Ebenso wie Kuba und andere betroffene Länder versucht auch die Regierung Venezuelas, die Folgen der Blockade soweit als möglich zu mindern. Dies geschieht, indem zum Beispiel Lebensmittelpakete an Bedürftige zu stark reduzierten Preisen oder sogar umsonst abgegeben werden. Nach wie vor ist die Gesundheitsversorgung umsonst, ebenso wie der Schulbesuch für alle. Gefördert wird auch die Süd-Süd Kooperation, d.h. der Handel, der wirtschaftliche, kulturelle und diplomatische Austausch mit Ländern, die sich nicht an die transatlantischen Vorgaben halten, sondern auf internationaler und nationaler Rechtsprechung beharren. So konnte sich der Autor zum Beispiel im Jahr 2018 in Damaskus, Syrien, anlässlich der internationalen Baumesse überzeugen, dass sich sowohl Venezuela als auch so gut wie alle Länder des nicht imperialistischen Lagers beteiligten (genannt seien Südafrika, Iran, Indien, Russland, China unter vielen anderen).

Dass Sanktionen, Embargos und Blockaden ein Mittel der illegalen Kriegsführung sind, zeigte sich auf dieser Messe anschaulich. Erpressung, Aushungerung der Völker, das Vorenthalten lebenswichtiger Medikamente und die Diffamierung der betroffenen Regierungen sind die Instrumentarien, mit welchen Länder wie Venezuela und andere sturmreif für einen direkten militärischen Angriffskrieg (analog zum Irak) gemacht werden sollen.

GenossInnen vor Ort berichten uns, dass sich im US-hörigen Nachbarland Kolumbien, an der Grenze zu Venezuela, Söldner-

---

[24] https://www.ohchr.org/SP/NewsEvents/Pages/DisplayNews.aspx?NewsID=24566&LangID=E (Zugriff März 2020)

banden und paramilitärische Einheiten (unter dem Befehl der USA und der NATO) versammeln und dort offenbar nur auf den Befehl zum Losschlagen warten.

## Syrien

Als im Frühjahr 2011 in verschiedenen arabischen Ländern das begann, was heute als „Arabischer Frühling“ bekannt ist, hatte das mit Syrien vorerst nichts zu tun. Wohl kam es auch in Syrien zu vereinzelten Protesten. Schon sehr bald stellte sich jedoch heraus, dass diese Proteste von außen durch *Agents provokateurs*, auch mit gut trainierten Scharfschützen instrumentalisiert wurden. So wurde uns gemäß voneinander unabhängigen und übereinstimmenden Berichten mitgeteilt, dass aus den Demonstrationszügen heraus mit scharfer Munition geschossen wurde – und zwar sowohl auf Sicherheitskräfte als auch auf Demonstrierende.[25]

In der Folge entwickelte sich in Syrien ein Konflikt, der bis zum heutigen Tag andauert und der in den westlichen Mainstream-Medien bis zum heutigen Tag, meist bewusst, falsch beschrieben wird. Es handelt sich, soviel ist aufgeklärten ZeitgenossInnen längst klar, in Syrien nicht um einen Bürger-, sondern um einen Angriffskrieg. Dieser Angriffskrieg wurde sowohl von regulären Truppen der NATO und der USA als auch von zahllosen Söldnerbanden geführt. Heute 2020 kann gesagt werden, dass der Angriffskrieg gegen Syrien gescheitert ist. Offiziere und PolitikerInnen in Syrien berichteten dem Autor übereinstimmend, dass die Kämpfer, welche Syrien heimsuchen, aus über 100 Nationen stammen. Dies gilt vor allem für die Kräfte des sogenannten „Islamischen Staates“, aber auch für andere Söldnerbanden. Mit Unterstützung von Russland, dem Iran und den Kräften der Hizbullah konnte sich die SAA (Syrisch Arabische [Volks] Armee behaupten. Zur Zeit, da wir diese Schrift verfassen (Frühjahr 2020), gilt Syrien mit Ausnahme der von der Türkei besetzten Gebiete im Norden des Landes als befreit. Dies also in aller Kürze zu den Fakten.

---

[25] Siehe dazu „Syrien – eine Land im Widerstand“, Heizmann und Heizmann, TuP Verlag Hamburg, 2017 und
„Der schmutzige Krieg gegen Syrien“, Tim Anderson, Liepsen Verlag, Marburg, 2016

Von Beginn an wurden die Ereignisse in Syrien von Diffamierungen und Lügen gegen die legitime Regierung von Damaskus begleitet. Ein Massaker in der syrischen Stadt Hula im Frühjahr 2012 stellte eine Zäsur dar. Hier eine typische, herausgegriffene Pressemeldung aus jenen Tagen:

*In einer ersten Reaktion verurteilte der Uno-Menschenrechtsrat die syrische Regierung von Machthaber Baschar al-Assad und ihre Schabiha-Milizen für das Massaker. Damaskus wies die Vorwürfe zurück: Es handle sich um das Machwerk von „Terroristen."*[26]

Beachte: Ein vom Volk mehrmals gewählter Präsident wird zum „Machthaber" und die Stellungnahme der Regierung von Damaskus wird in „Anführungs"- und „Schlusszeichen" gesetzt. Die halbherzige Distanzierung dieser Diffamierung folgt im nächsten Abschnitt. Es sei unterstellt, dass dies geschieht, um den Schein der Objektivität zu wahren, die Mutmaßungen und die Schuldzuweisungen bleiben gleichwohl im Gedächtnis haften:

*„Die Uno korrigierte wenig später ihre klare Linie. Grundlage hierfür war der Bericht der Syrien-Kommission des Menschenrechtsrats. Die Beweislage sei unzulänglich, es lasse sich nicht nachweisen, wer die Verantwortung für das Massaker trage."*

Beide Zitate stammen aus dem „*Spiegel*" vom 22.7.2012.[27] Mutmaßungen und Schuldzuweisungen, gepaart mit handfesten Fälschungen also. So veröffentlichte die BBC als erstes ein Foto des italienischen Fotografen Marco di Lauro, welches ein Kind zeigt, das über Leichensäcke hüpft. Dieses Foto, welches di Lauro im Irak aufgenommen hatte, wurde der Welt als „Beleg für die Schuld der syrischen Regierung am Massaker von Hula" präsentiert und erst nach Protesten von Marco di Lauro wieder zurückgezogen.[28] Auch hier: Die Lügen und die Mutmaßungen bleiben im Gedächtnis haften. Seither wird das syrische Volk mit einer umfassenden Blockade belegt, ohne dass es deswegen in der westlichen Öffentlichkeit zu nennenswerten Protesten kommt.

---

[26] https://www.spiegel.de/politik/ausland/syrien-augenzeuge-berichtet-ueber-das-massaker-von-hula-a-845748.html (Zugriff März 2020)

[27] ebenda

[28] https://www.telegraph.co.uk/culture/tvandradio/bbc/9293620/BBC-News-uses-Iraq-photo-to-illustrate-Syrian-massacre.html (Zugriff März 2020) und LÜGE-MACHT-KRIEG, Risāla Jahrbuch, TuP Verlag, Hamburg, 2015

Diese Blockade wurde in der Zwischenzeit mehrmals verschärft. Dies obwohl weder das Massaker von Hula noch die zahlreichen anderen Verbrechen, welche der syrischen Regierung und der syrischen Armee angelastet werden, jemals bewiesen wurden. In der Folge wurden die diplomatischen Beziehungen mit der Syrisch Arabischen Republik auch von angeblich neutralen Ländern wie der Schweiz abgebrochen. Sämtliche bereits oben unter „Irak“, „Kuba“ und „Venezuela“ beschriebenen Auswirkungen einer Blockade treffen auch, teilweise sogar verschärft, auf Syrien zu: Mangel an lebenswichtigen Medikamenten und medizinischen Geräten, daraus folgend erhöhte Sterblichkeit vor allem unter den Schwachen der Gesellschaft, Kindern, alten Menschen und Kranken. Explodierende Inflation infolge der Finanzblockade. Die durch die Angriffe zerstörte Infrastruktur – Schulen, Krankenhäuser, öffentliche Gebäude etc. – kann nicht oder nur unter großen Schwierigkeiten wieder aufgebaut werden, da Baumaterial und Baumaschinen nicht eingeführt werden dürfen. Syrischen Geschäftsleuten wird der Zugang zu den internationalen Märkten verwehrt. Syrien soll international isoliert werden. Diese Isolation jedoch schlägt bereits heute auf diejenigen zurück, welche sie vorantreiben. Im Jahr 2019 ist der Wiederaufbau in Syrien im Gange. Die oben erwähnte Baumesse in Damaskus findet jährlich unter dem Motto *„Rebuild Syria“* statt. Westliche Investoren bleiben auf Druck ihrer Regierungen außen vor.
Die Blockade gegen das syrische Volk ist – analog zu anderen Blockaden der imperialistischen Staaten – illegal in jeder Beziehung. Sie widerspricht der Charta der vereinten Nationen, sie widerspricht den Genfer Konventionen, sie widerspricht den Verfassungen der meisten Länder, die sie mit vollziehen und sie ist ein Schlag ins Gesicht für jeden humanitär denkenden Menschen. Idriss Jazairy, der Sonderbotschafter der vereinten Nationen, der sich verschiedentlich gegen Embargos, Sanktionen und Blockaden gewandt hat, schreibt, nachdem er Syrien auf Einladung der Regierung besucht hat, in seinem Bericht zuhanden des UN Generalsekretärs im Artikel 70:[29]
*„There is a pressing need to lift all sanctions which have a negative impact on the enjoyment of human rights of Syrians. Unilateral coercive measures on agricultural inputs and products, med-*

[29] https://reliefweb.int/report/syrian-arab-republic/report-special-rapporteur-negative-impact-unilateral-coercive-measures (Zugriff März 2020)

*icines, on many dual use items related to water and sanitation, public electricity and transportation, and eventually on rebuilding schools, hospitals and other public buildings and services, are increasingly difficult to justify, if they ever were justifiable*“[30]

Die Illegalität und die verbrecherische Absicht der Blockaden wird damit einmal mehr demaskiert. Hinzu kommt, dass ein einfacher Augenschein in Syrien, beim syrischen Volk ausreicht, um zu bestätigen: Die Blockade ist ein Instrument des Krieges gegen das syrische Volk. Von West nach Ost, vom Süden bis in den Norden wird man in Syrien niemanden finden, der diese mörderische Blockade befürwortet. Ebenso wird man Mühe haben, jemanden zu finden, der zum jetzigen Zeitpunkt für einen Regierungswechsel eintritt, wie ihn die US/ NATO/ Israel-Regimes befürworten und herbeibomben wollen. All dies widerspricht den Schalmeigesängen von „Demokratie“ und „Menschenrechten“ der proimperialistischen, prozionistischen Presse des Westens diametral. Eine christliche Nonne in Damaskus, die wir seit 2016 mehrmals besucht haben, brachte es, als wir sie fragten, was sie sich vom Westen für Syrien wünsche, auf den Punkt. Sie sagte wörtlich: „*Laisse la Syrie tranquille!*“[31]
Dies ist, solange im Westen die Diktatur des Kapitals, der Profitwirtschaft und des Imperialismus herrscht, natürlich nicht mehr als ein frommer Wunsch. Wir haben ja bereits eine UN-Charta, die Interventionen – auch mittels Sanktionen, Embargos und Blockaden – verbietet. Wir haben bereits eine internationale Gerichtsbarkeit, die solches verbietet und ahnden soll. Ebenso wie jeder Mensch eine intakte Moral haben sollte, die ihm sagt, dass es falsch ist, auf dem Altar der Hegemonialinteressen der USA, der NATO-Staaten und Israels unschuldige Zivilbevölkerungen zu ermorden. Nichts anderes geschieht jedoch in den Ländern,

---

[30] „Es ist dringend geboten, alle Sanktionen aufzuheben, die sich negativ auf die Wahrnehmung der Menschenrechte der Syrer auswirken. Einseitige Zwangsmaßnahmen gegen landwirtschaftliche Betriebsmittel und Produkte, Arzneimittel, gegen viele *Dual-Use*-Güter im Zusammenhang mit Wasser und Abwasser, öffentlicher Elektrizität und Verkehr und schließlich gegen den Wiederaufbau von Schulen, Krankenhäusern und anderen öffentlichen Gebäuden und Dienstleistungen sind immer schwieriger zu rechtfertigen, wenn sie überhaupt jemals gerechtfertigt waren.“ [Übers. M.H.]

[31] „Lasst Syrien in Ruhe!“

die von der EU, den NATO-Staaten, den USA und den ihnen hörigen Vasallen mit Blockaden belegt werden.
Das Schicksal Syriens ist, wie das Schicksal der gesamten arabischen Welt, eng mit dem Schicksal Palästinas verknüpft.

## Palästina

Innerhalb der sanktionierten und von einer Blockade betroffenen Länder ragt Palästina insofern heraus, als dass das Land seit der Gründung des Zionistenstaates im Jahre 1948 unter Besatzung und in einem direkten Kriegszustand steht. Die über das Volk Palästinas verhängte Blockade ist denn auch in mehrfacher Hinsicht kriminell. Gemessen an sämtlichen Kriterien, die wir auch an alle anderen, von Blockaden betroffenen Länder stellen, ist die Blockade gegen Palästina durch nichts legitimiert. Besonders an der Blockade gegen Palästina ist indes, dass sie, wenigstens gegen außen allein von Israel durchgesetzt wird. Damit sollen weder die Blockade des korrupten Abbas Regimes gegen Gaza, noch die Rolle Ägyptens relativiert werden. Weder die Einen noch die anderen würden indes Palästina ohne die Zionisten blockieren. Hilfslieferungen der UNO an das palästinensische Volk werden von der zionistischen Besatzungsmacht ebenso zurückgehalten wie Gelder der UNO oder von anderen Organisationen, die für Palästina und dessen Wiederaufbau bestimmt sind. Vordergründig
wird die Herausgabe dieser Güter und Gelder an Bedingungen gegenüber der palästinensischen Autonomiebehörde geknüpft. In Tat und Wahrheit jedoch ging und geht es jedoch jedem Regime Israels nur um eines: Landraub und Vertreibung des palästinensischen Volkes. Das gesamte palästinensische Volk ist vom israelischen Staatsterror betroffen, nicht nur die Menschen in den besetzten Gebieten und im Gaza Streifen, dem wohl bekanntesten Schauplatz israelischen Terrors. Die Verbrechen Israels wurden in der Literatur fachlich aufbereitet.[32] Trotzdem kann der israelische Staat seine Verbrechen nicht nur gegen die Bevölkerung Palästinas, sondern auch gegen die arabischen Nachbarstaaten offenbar ungestraft fortsetzen – unter dem Schirm der USA, der EU und der NATO Staaten.

---

[32] Zum Beispiel in „Jenseits der Mythen: Imperialismus – Zionismus – Faschismus. Eine Quellenrecherche“, Hubert Krammer, 2009, TuP Verlag Hamburg

*Das Ausmaß der israelischen Perversion zeigt sich auch an diesen T-Shirts, einem Verkaufsschlager der IDF, der israelischen Armee. Die T-Shirts wurden auf dem Höhepunkt des Massakers gegen die Zivilbevölkerung von Gaza verkauft und sind mittlerweile von der Webseite der IDF verschwunden. Links: Eine schwangere Muslima im Fadenkreuz, darunter der Text: „1 Schuss, 2 Treffer“. Rechts ein Kind im Fadenkreuz mit dem (hebräischen) Text: „Je kleiner sie sind, desto schwieriger sind sie zu treffen.“*[33]

Wer immer irgendwo in der Welt seine Stimme gegen diese Verbrechen erhebt, läuft Gefahr, als „Antisemit“ diffamiert zu werden. Kritik am israelischen Staat ist in den westlichen Gesellschaften ein Tabu, an dem nicht gerüttelt werden darf. Trotzdem gibt es immer wieder solidarische Staaten, Organisationen und Einzelpersonen, die sich dem Diktat der Imperialisten und der Zionisten nicht beugen (Siehe dazu auch weiter unten im Kapitel „Sind Sanktionen, Embargos, Blockaden immer zu verurteilen?“ zur BDS). Auch wird immer wieder, oft unter Lebensgefahr für die AktivistInnen, versucht, die mörderische Blockade des Gaza-Streifens zu durchbrechen. Das wohl bekannteste Beispiel dafür ist die Gaza-Flottille, welche im Jahr 2010 von den israelischen Streitkräften in einem Akt der Piraterie geentert wurde. Neun

[33] http://www.meezaan.org/eng/?mod=articles&ID=86 (Zugriff März 2020)

AktivistInnen wurden von den Israelis getötet, es gab mehrere Verletzte. An Bord der „*Mavi Marmara*" befanden sich Mitglieder der europäischen Palästina-Solidarität, darunter mehrere Abgeordnete des deutschen Bundestages. Im Jahr 2011 fand in Basel, Schweiz, organisiert vom „Bündnis gegen den imperialistischen Krieg", eine Veranstaltung zum Thema statt. Anlässlich dieser Veranstaltung berichtete ein Teilnehmer der Flottille:

*„[...] Erstmal: Die ganze Flottille war international organisiert, von verschiedenen Organisationen, hauptsächlich jedoch vom „Free Gaza Movement", das ist eine weltweit agierende Organisation, die auch für diese Reise mobilisiert hat. Angeschlossen haben sich auch andere Organisationen, wie die türkische IHH,*[34] *welche ja weitgehend bekannt wurde durch die „Mavi Marmara" – Geschichte. Diese Reise verstand sich als Zeichen der Solidarität, welche Gaza benötigt, gegen die Isolation und gegen den Belagerungszustand im Gaza Streifen. Ein Ziel war es auch, die Weltöffentlichkeit darauf aufmerksam zu machen, dass dort 1,7 Millionen Menschen seit Jahren belagert, schikaniert, ausgehungert, vertrieben und getötet werden. Das Ziel der Aktion war es also, Gaza mit den Schiffen zu erreichen und einen Teil Hilfsgüter mitzubringen. Wir wussten natürlich genau, dass unsere mitgebrachten Hilfsgüter die Probleme in Gaza nicht lösen würden. Diese Probleme sind grösser als einige Schiffsladungen. Dort fehlt es an allem. Wir wollten aber – und das war das Ziel – für die schweigende Mehrheit der Welt ein Zeichen setzen. Die Leute, die zu dem, was in Gaza geschieht, schweigen, die stimmen dem Unrecht eigentlich zu. Dagegen wollten wir etwas tun und ich glaube, das ist gleichzeitig eine Aufforderung an alle freiheitlich denkenden*

*Menschen: Wenn ein Unrecht geschieht, wenn einer Bevölkerung ein Unrecht angetan wird,so wie dies von der israelischen Regierung in Gaza geschieht, dann soll man laut dagegen die Stimme erheben. Es handelte sich also um eine internationale Solidaritätsreise und ich gehörte zur Deutschen Delegation. Die anderen, das waren Bundestagsabgeordnete, ein ehemaliger Profes-*

[34] Die İHH İnsani Yardım Vakfı (*İHH, İnsan Hak ve Hürriyetleri ve İnsani Yardım Vakfı*, deutsch: *Stiftung für Menschenrechte, Freiheiten und Humanitäre Hilfe*) ist eine türkische, islamische, nichtstaatliche, international tätige Organisation. International bekannt wurde die IHH als Mitorganisatorin eines Schiffskonvois, der am 31. Mai 2010 durch eine israelische Militäraktion geentert wurde.

*sor und ein Arzt. Dieser Arzt vertrat gleichzeitig die Organisation der „Ärzte gegen den Atomkrieg und für soziale Gerechtigkeit". Hinzu kamen Solidaritätsgruppen wie die „Deutsch-Palästinensische Gesellschaft" oder der „Palästinensische Frauenverein", welche diese Reise mit organisiert haben. Ich habe die Ehre gehabt, einer aus dieser Fünferdelegation zu sein und zwar als Vertreter der „Palästinensischen Gemeinde" oder der PalästinenserInnen in Deutschland. [...]*"[35]

Diese Solidaritätsaktionen mit dem unter Blockade stehenden Volk Palästinas sind beispielhaft und sie werden, wie der Referent der Veranstaltung darlegte, auch in Zukunft in der einen oder anderen Form fortgesetzt. Auch hier gilt, wie bei allen anderen unter Blockade stehenden Ländern: Die Verantwortung für die Verbrechen geht von oben nach unten. Die Regime in den USA und den NATO-Staaten verantworten die Blockade, sowohl des Gaza Streifens als auch in ganz Palästina. Das immer wieder zitierte „Existenzrecht Israels" ist scheinheilig: Dieses Existenzrecht berechtigt den zionistischen Staat nicht dazu, Menschen- und Völkerrecht mit Füssen zu treten, das palästinensische Volk nicht nur des Landes, sondern auch all seiner Rechte zu berauben und die israelische Armee mit Atomwaffen auszustatten. All dies widerspricht diversen UNO-Resolutionen, es widerspricht internationalem Recht und jeglicher Humanität. All dies ist nur möglich, weil der zionistische Staat sich sicher sein kann, dass seine Verbrechen durch die Institutionen des Imperialismus nicht nur geschützt, sondern sogar gefördert werden.

Der palästinensische Poet Mahmoud Darwisch (1941-2008), bekannt nicht nur in Palästina, sondern in der gesamten arabischen Welt, beschreibt in seinem Gedicht „Unter der Besatzung" anschaulich und poetisch das Leben unter Blockade:[36]

[35] „Aufstand in Arabien" Die Transkription der gesamten Veranstaltung in Basel liegt vor und kann über buendnis.gegenkrieg@gmx.net als PDF-Datei bezogen werden.

[36] Poesie des Widerstandes, Farid Darrage und Markus Heizmann, TuP Verlag Hamburg, 2012

# Unter der Besatzung

Hier, auf den Hängen der Hügel, angesichts der Dämmerung und den Kratern der Zeit
Nahe den Gärten der zerbrochenen Schatten
Tun wir das, was Gefangene tun
Und Arbeitslose:
Wir kultivieren Hoffnung

Ein Land bereitet sich auf die Morgendämmerung vor, wir werden weniger intelligent
Je aufmerksamer wir die Stunde unseres Sieges betrachten
Keine Nacht in unserer Nacht wird durch Granatfeuer erhellt
Unsere Feinde sind wachsam und sie entzünden das Licht für uns
In der Dunkelheit unseres Kellers

Hier gibt es kein „Ich"
Hier erinnert sich Adam an den Staub seines Lehmes

Am Rande seines Todes sagt er:
Ich habe keine Spur mehr zu verlieren
Frei, ich bin so nahe an meiner Freiheit. Meine Zukunft liegt in meiner Hand
Bald werde ich mein Leben durchdringen
Ich werde frei geboren sein und elternlos
Und meinen Namen werde ich mit tiefblauen Buchstaben schreiben…

Du, der du an der Schwelle stehst, komm rein
Trink arabischen Kaffee mit uns
Und du wirst fühlen, dass du ein Mensch bist wie wir
Du, der du an der Schwelle unserer Häuser stehst
Komm raus aus der Zeit unseres Morgens
Wir werden uns ruhiger fühlen
Als Mensch wie Du!

Wenn die Kampfflugzeuge verschwinden, steigen die weißen Tauben auf
Und sie waschen die Wangen des Himmels
Mit losgeketteten Flügeln bringen sie den Glanz zurück
Ihr Spiel nimmt den Dunst in Besitz
Höher, höher fliegen die weißen Tauben
Ach, wenn doch bloß der Himmel real wäre!
(Ein Mann sagte mir das zwischen zwei Bombenabwürfen.)

Zypressen hinter den Soldaten, Minarette bewahren
Den Himmel vor dem Zusammenbruch
Hinter der Hecke aus Stahl
Pissen Soldaten – unter dem wachsamen Auge eines Panzers –
Und der Herbsttag beendet seine goldene Wanderung
In einer Straße so breit wie eine Kirche nach der Sonntagsmesse…

(An einen Mörder:) Hättest du dir das Gesicht deines Opfers angesehen
Und alles durchdacht, dann hättest du dich an deine Mutter in der Gaskammer erinnert, du wärst davon befreit gewesen, ein Gewehr zu tragen
Und deine Einstellung hätte sich geändert:
Auf diese Art findet man seine Identität nicht wieder

Die Besatzung ist die Zeit des Wartens
Warten auf der schiefen Leiter mitten im Sturm

Allein, wir sind allein, so tief unten wie der Bodensatz
Wenn uns nicht der Regenbogen besuchen würde

Wir haben Brüder hinter diesem Raum
Ausgezeichnete Brüder. Sie lieben uns. Sie sehen uns an und sie weinen
Dann, im Geheimen sagen sie zueinander:
„Ah, wenn diese Besatzung erklärt worden wäre…“ Sie beenden den Satz nicht
„Lasst uns nicht im Stich, verlasst uns nicht!“

Unsere Verluste: Zwischen zwei und acht Märtyrer täglich
Und zehn Verwundete
Und zwanzig Häuser
Und fünfzig Olivenbäume
Hinzu kommen die strukturellen Mängel
Im Gedicht, im Schauspiel und in den unvollendeten Bildern

Eine Frau sagte zur Wolke: „Bedecke du meinen Geliebten
Denn meine Kleidung ist blutdurchtränkt“.

Wenn du kein Regen bist, mein Geliebter
Sei ein Baum
Gesättigt mit Früchten, sei ein Baum

Wenn du kein Baum sein kannst, mein Geliebter
Sei ein Stein, gesättigt mit Feuchtigkeit, sei ein Stein
Wenn du kein Stein sein kannst, mein Geliebter
Sei ein Mond
Im Traum einer geliebten Frau, sei ein Mond
(So sprach die Frau am Begräbnis ihres Sohnes)

Oh Wächter, hast du es nicht satt
Da zu liegen und auf das Licht in unserem Salz zu warten?
Und die Weißglut der Rose in unserer Wunde
Hast du das nicht satt, Wächter?

Ein bisschen von dieser absoluten und blauen Unendlichkeit
Würde ausreichen
Um die Bürde dieser Zeit zu erleichtern
Und diesen Ort von all dem Unrat zu säubern

Es liegt an der Seele, jetzt vom Berg herunter zu steigen
Und auf seidenen Füssen zu wandeln
An meiner Seite, Hand in Hand wie
Zwei alte Freunde, die das alte Brot teilen
Und ein Glas mit altem Wein
Vielleicht gehen wir gemeinsam auf dieser Straße
Und dann teilen sich unsere Tage in verschiedenen Richtungen
Ich, über die Natur hinaus, welche sich wendet
Und sich dazu entschließt, auf einem hohen Felsen zu siedeln

Auf meinen Trümmern wachsen grüne Schatten
Und der Wolf döst auf dem Fell meiner Ziege
Er träumt, so wie ich, so wie es die Engel tun
Dass das Leben hier ist…nicht dort drüben

Im Zustand der Besatzung wird die Zeit zum Raum
Festgemacht in seiner Ewigkeit
Im Zustand der Besatzung verwandelt sich der Raum in die Zeit
Welche sowohl das Gestern, als auch das Morgen verpasst hat.

Der Märtyrer umkreist mich täglich
Und er fragt mich: Wo warst du? Nimm jedes Wort
Welches du mir gegeben hast, zurück in die Wörterbücher
Und befreie die Schlafenden vom Gemurmel des Echos

Der Märtyrer klärt mich auf: Darüber hinaus
Habe ich nicht gesehen
Über die Jungfrauen der Unsterblichkeit hinaus, dass ich das Leben liebe
Hier auf dieser Erde zwischen den Feigenbäumen und den Pinien
Aber ich kann sie nicht erreichen, dann aber erstrebte ich dieses Ziel
Mit meinem letzten Besitz: Dem Blut in einem azurblauen Körper

Der Märtyrer warnte mich: Schenk ihrem Wehklagen keinen Glauben
Glaube meinem Vater, wenn er weinend, eine Photographie von mir ansieht
Wie haben wir unsere Rollen vertauscht, mein Sohn, wie bist du mir vorausgeeilt
Ich hätte der Erste sein müssen!

Der Märtyrer umkreist mich: Meinen Platz und meine rohen Möbel
Sind alles was ich verändert habe
Ich setze eine Gazelle auf mein Bett
Und einen Halbmond auf meinen Finger
Um meine Sorgen zu besänftigen

Die Besatzung wird andauern um uns zu überzeugen, dass wir in voller Freiheit
Die Sklaverei wählen, die uns keinen Schaden zufügt!

Widerstand heißt, sich davon zu überzeugen, dass die Erde gesund ist
Die Gesundheit der Drüsen und deine hartnäckigste Krankheit:
Die Krankheit der Hoffnung

Und in dem, was vom Morgen übrig bleibt, wandere ich in mein Äußeres
Und in dem was von der Nacht übrig bleibt, höre ich das Geräusch von Schritten in mir drin

Grüße an den, welcher mit mir die Aufmerksamkeit teilt
Die Trunkenheit des Lichts, dem Licht des Schmetterlings
In der Dunkelheit dieses Tunnels!
Grüße an den, der ein Glas Wein mit mir teilt
In der Dumpfheit einer Nacht, die sich in zwei teilt.
Grüße an meine Erscheinung

Meine Freunde bereiten für mich immer ein Abschiedsfest vor
Ein beruhigendes Grab im Schatten der Eichenbäume
Eine Grabinschrift in Marmor
Und immer wieder greife ich am Begräbnis vor:
Wer ist gestorben, wer…?

Schreiben ist ein Hündchen, welches nichts beißt
Schreiben verwundet, ohne Blut zu vergießen

Unsere Kaffeetassen, Vögel, grüne Bäume
Im blauen Schatten die Sonne hüpft
Von einer Mauer zur anderen wie eine Gazelle
Das Wasser in den Wolken hat die unbegrenzte Form
Von dem was uns geblieben ist
Vom Himmel.
Und anderen Dingen, schwebenden Erinnerungen
Erkenne, dass dieser Morgen machtvoll und prächtig ist
Und dass wir hier nur die Gäste der Ewigkeit sind.

# Die UNO – Anatomie einer Resolution

Sanktionen, Embargos und Blockaden sind – so sie nicht von den Gremien der UNO verhängt werden – eindeutig illegal. Dies wird aus verschiedenen Resolutionen, aber auch der UNO-Charta als solcher klar: Sanktionen, Embargos und Blockaden sind, ebenso wie militärische Gewalt, nur dann erlaubt, wenn sie vom UNO-Sicherheitsrat beschlossen wurden. Alle anderen einseitigen Sanktionen („*unilateral measures*") sind ein Verstoß gegen das Völkerrecht und somit illegal. Dies gilt verstärkt, wenn andere, sogenannte alliierte Staaten zum Mitvollzug der Blockaden gezwungen, exakter formuliert, dazu erpresst werden. In Artikel 2, Absatz 7 der UN-Charta wird festgelegt, dass es sich um Ausnahmen handelt – zu denen auch „Zwangsmaßnahmen", also Sanktionen gehören – die in Kapitel VII der UN-Charta geregelt werden.[37] Und dort kann man in Artikel 39 als erstes lesen, dass es für solche Zwangsmaßnahmen oder gar militärische Gewalt erforderlich ist, dass der UNO-Sicherheitsrat zunächst feststellt, dass ein Land mit seinen Handlungen den Weltfrieden gefährdet. Und erst wenn das geschehen ist, regelt Artikel 41, dass auch Wirtschaftssanktionen verhängt werden können, denen alle Mitgliedsländer der UNO folgen müssen.

Wie oben dargelegt, gibt es wenige Fälle, die den Kriterien entsprechen, welche die UNO festlegt, um Länder „legal" unter Blockaden zu stellen, darunter den Irak. Die allermeisten Blokkaden sind einseitige Maßnahmen und daher illegal. Immer wieder werden Sanktionen, Embargos und Blockaden, ebenso wie militärische Aktionen gegen andere Länder, von den Gremien der UNO verurteilt. Wir stellen fest, dass es meist die bereits bekannten Aggressoren-Staaten USA, Israel und deren Vasallen sind, die sich nicht um die verbindlichen Beschlüsse der UNO scheren. Dies gilt sowohl für die allgemeine Charta der UNO als auch für diverse UNO-Resolutionen, die sich mit der Thematik befassen.

Eine dieser Resolutionen, die bindend ist, wollen wir uns im Folgenden ansehen. Es handelt sich um eine Resolution welche „*Einseitige wirtschaftliche Maßnahmen als Mittel zur Ausübung politischen und wirtschaftlichen Zwangs auf Entwicklungsländer*" verbietet. Wir sprechen von der

[37] https://www.unric.org/html/german/pdf/charta.pdf (Zugriff März 2020)

RESOLUTION 66/186
„Der in dem Bericht empfohlene Resolutionsentwurf wurde im Ausschuss eingebracht von Argentinien (im Namen der Mitgliedstaaten der Vereinten Nationen, die Mitglieder der Gruppe der 77 sind, und Chinas) und von Weißrussland (Belarus).
271IV. Resolutionen aufgrund der Berichte des Zweiten Ausschusses Frankreich, Georgien, Griechenland, Irland, Island, Italien, Japan, Kanada, Kroatien, Lettland, Liechtenstein, Litauen, Luxemburg, Malta, Marshallinseln, Monaco, Montenegro, Neuseeland, Niederlande, Norwegen, Österreich, Palau, Peru, Philippinen, Polen, Portugal, Republik Korea, Republik Moldau, Rumänien, San Marino, Schweden, Schweiz, Serbien, Slowakei, Slowenien, Spanien, Tschechische Republik, Türkei, Ukraine, Ungarn, Vereinigtes Königreich Großbritannien und Nordirland, Zypern.
Verabschiedet auf der 91. Plenarsitzung am 22. Dezember 2011 in einer aufgezeichneten Abstimmung mit 122 Stimmen bei 2 Gegenstimmen und 53 Enthaltungen, auf Empfehlung des Ausschusses (A/66/438 Add.1, Ziff. 13) 30 :
**Dafür:** Afghanistan, Ägypten, Algerien, Angola, Antigua und Barbuda, Arabische Republik Syrien, Argentinien, Armenien, Aserbaidschan, Äthiopien, Bahamas, Bahrain, Bangladesch, Barbados, Belarus, Belize, Benin, Bhutan, Bolivien (Plurinationaler Staat), Botsuana, Brasilien, Brunei Darussalam, Burkina Faso, Burundi, Chile, China, Costa Rica, Côte d'Ivoire, Demokratische Volksrepublik Korea, Demokratische Volksrepublik Laos, Dominica, Dominikanische Republik, Dschibuti, Ecuador, El Salvador, Eritrea, Fidschi, Gabun, Grenada, Guatemala, Guinea, Guinea-Bissau, Guyana, Honduras, Indien, Indonesien, Irak, Iran (Islamische Republik), Jamaika, Jemen, Jordanien, Kambodscha, Kamerun, Kap Verde, Kasachstan, Katar, Kenia, Kirgisistan, Kolumbien, Komoren, Kongo, Kuba, Kuwait, Lesotho, Libanon, Liberia, Libyen, Madagaskar, Malawi, Malaysia, Malediven, Mali, Marokko, Mauritius, Mexiko, Mongolei, Mosambik, Myanmar, Namibia, Nepal, Nicaragua, Niger, Nigeria, Oman, Pakistan, Panama, Papua-Neuguinea, Paraguay, Russische Föderation, Salomonen, Sambia, Saudi-Arabien, Senegal, Sierra Leone, Simbabwe, Singapur, Somalia, Sri Lanka, St. Lucia, St. Vincent und die Grenadinen, Südafrika, Sudan, Suriname, Swasiland, Tadschikistan, Thailand, Timor-Leste, Togo, Tonga, Trinidad und Tobago, Tschad, Tunesien, Turkmenistan, Tuvalu, Uganda, Uruguay, Usbekistan, Venezuela (Bolivarische Republik), Verei-

nigte Arabische Emirate, Vereinigte Republik Tansania, Vietnam, Zentralafrikanische Republik.

**Dagegen:** Israel, Vereinigte Staaten von Amerika.

**Enthaltungen:** Albanien, Andorra, Australien, Belgien, Bosnien und Herzegowina, Bulgarien, Dänemark, Deutschland, ehemalige jugoslawische Republik Mazedonien, Estland, Finnland, Frankreich, Georgien, Griechenland, Irland, Island, Italien, Japan, Kanada, Kroatien, Lettland, Liechtenstein, Litauen, Luxemburg, Malta, Marshallinseln, Monaco, Montenegro, Neuseeland, Niederlande, Norwegen, Österreich, Palau, Peru, Philippinen, Polen, Portugal, Republik Korea, Republik Moldau, Rumänien, San Marino, Schweden, Schweiz, Serbien, Slowakei, Slowenien, Spanien, Tschechische Republik, Türkei, Ukraine, Ungarn, Vereinigtes Königreich Großbritannien und Nordirland, Zypern.

United Nations Conference on Trade and Development, Dokument SPR/NC/FOZ/3.

66/186. Einseitige wirtschaftliche Maßnahmen als Mittel zur Ausübung politischen und wirtschaftlichen Zwangs auf Entwicklungsländer. Die Generalversammlung, unter Hinweis auf die einschlägigen Grundsätze der Charta der Vereinten Nationen, in Bekräftigung der Erklärung über Grundsätze des Völkerrechts betreffend freundschaftliche Beziehungen und Zusammenarbeit zwischen den Staaten im Einklang mit der Charta der Vereinten Nationen 31 , in der unter anderem festgelegt ist, dass ein Staat keine einseitigen wirtschaftlichen, politischen oder sonstigen Zwangsmaßnahmen gegen einen anderen Staat anwenden oder deren Anwendung begünstigen darf,
um von ihm die Unterordnung bei der Ausübung seiner souveränen Rechte zu erlangen, eingedenk der in den einschlägigen Resolutionen, Regeln und Bestimmungen der Vereinten Nationen und der
Welthandelsorganisation enthaltenen allgemeinen Grundsätze zur Regelung des internationalen Handelssystems und der Handelspolitik zugunsten der Entwicklung, unter Hinweis auf ihre Resolutionen 44/215 vom 22. Dezember 1989, 46/210 vom 20. Dezember 1991, 48/168 vom 21. Dezember 1993, 50/96 vom 20. Dezember 1995, 52/181 vom 18. Dezember 1997, 54/200 vom 22. Dezember 1999, 56/179 vom 21. Dezember 2001, 58/198 vom 23. Dezember

2003, 60/185 vom 22. Dezember 2005, 62/183 vom 19. Dezember 2007 und 64/189 vom 21. Dezember 2009,
ernsthaft besorgt darüber, dass sich die Anwendung einseitiger wirtschaftlicher Zwangsmaßnahmen besonders nachteilig auf die Volkswirtschaft und die Entwicklungsanstrengungen der Entwicklungsländer auswirkt und einen allgemeinen negativen Einfluss auf die internationale wirtschaftliche Zusammenarbeit und auf die weltweiten Anstrengungen in Richtung auf ein nichtdiskriminierendes und offenes multilaterales Handelssystem hat, in Anbetracht dessen, dass derartige Maßnahmen eine offenkundige Verletzung der in der Charta enthaltenen völkerrechtlichen Grundsätze sowie der wesentlichen Grundsätze des multilateralen Handelssystems darstellen,
nimmt Kenntnis von dem Bericht des Generalsekretärs 32 ;
fordert die internationale Gemeinschaft nachdrücklich auf, dringend wirksame Maßnahmen zu ergreifen, um zu verhindern, dass gegen Entwicklungsländer einseitige wirtschaftliche Zwangsmaßnahmen ergriffen werden, die von den zuständigen Organen der Vereinten Nationen nicht genehmigt wurden oder mit den in der Charta der Vereinten Nationen enthaltenen völkerrechtlichen Grundsätzen unvereinbar sind und die gegen die wesentlichen Grundsätze des multilateralen Handelssystems verstoßen;
fordert die internationale Gemeinschaft auf, die Anwendung solcher Maßnahmen als Mittel zur Ausübung politischen und wirtschaftlichen Zwangs auf Entwicklungsländer zu verurteilen und abzulehnen;
ersucht den Generalsekretär, auch künftig die Anwendung derartiger Maßnahmen zu überwachen und die Auswirkungen dieser Maßnahmen auf die betroffenen Länder, namentlich auf ihren Handel und ihre Entwicklung, zu untersuchen;
ersucht den Generalsekretär außerdem, der Generalversammlung auf ihrer achtundsechzigsten Tagung einen Bericht über die Durchführung dieser Resolution vorzulegen.“

Diese (bindende!) UNO Resolution verbietet de facto Sanktionen, Embargos und Blockaden, so wie sie zur Zeit von den USA und ihren Komplizen als courant normal der Politik angewandt werden. Sehen wir uns an, welche Länder sich bei der Abstimmung der Stimme enthalten haben:

Hier die Aufschlüsselung der 53 Stimmenthaltungen der Abstimmung vom 22. Dezember 2011:

| | **Stimmenthaltungen** | **Charakteristika** | **US-Militärbasen?** |
|---|---|---|---|
| 1 | *Albanien* | * Kleinstaat, NATO- Mitglied | |
| 2 | *Andorra* | Zwergstaat | |
| 3 | *Australien* | Kolonialmacht, Teil imperialistischer Militärbündnisse | JA |
| 4 | *Belgien* | Kleinstaat, ehemalige Kolonialmacht, NATO Mitglied, Mitglied der EU | |
| 5 | *Bosnien und Herzegowina* | * Kleinstaat | |
| 6 | *Bulgarien* | * NATO-Mitglied, Mitglied der EU | |
| 7 | *Dänemark* | Kleinstaat, NATO-Mitglied, Mitglied der EU | |
| 8 | *Deutschland* | Ehemalige Kolonialmacht mit USA und Israel verbündet, NATO-Mitglied, Mitglied der EU | JA |
| 9 | *Ehemalige jugoslawische Republik Mazedonien* | * Kleinstaat | |
| 10 | *Estland* | * Kleinstaat, Mitglied der EU | |
| 11 | *Finnland* | Kooperationspartner der NATO | |
| 12 | *Frankreich* | Ehemalige Kolonialmacht, NATO-Mitglied, Mitglied der EU, Atommacht | |
| 13 | *Georgien* | * Feindlich gegenüber Russland | JA |
| 14 | *Griechenland* | NATO-Mitglied, Mitglied der EU | JA |
| 15 | *Irland* | Mitglied der EU, stark US-orientiert | |
| 16 | *Island* | NATO-Mitglied | |

| | Stimmenthaltungen | Charakteristika | US-Militär-basen? |
|---|---|---|---|
| 17 | *Italien* | Ehemalige Kolonialmacht, NATO-Mitglied, Mitglied der EU | JA |
| 18 | *Japan* | Eingebunden in westliche Militärbündnisse | JA |
| 19 | *Kanada* | NATO-Mitglied | |
| 20 | *Kroatien* | * NATO-Mitglied, Mitglied der EU | |
| 21 | *Lettland* | *NATO-Mitglied, Mitglied der EU | |
| 22 | *Liechtenstein* | Zwergstaat, angeblich neutral, Finanzplatz | |
| 23 | *Litauen* | *NATO-Mitglied, Mitglied der EU | |
| 24 | *Luxemburg,* | Kleinstaat, NATO-Mitglied, Mitglied der EU | |
| 25 | *Malta* | Kleinstaat, Mitglied der EU | |
| 26 | *Marshallinseln* | Kleinstaat, ehemaliges Testgelände für Atombombentests der USA, heute von den USA abhängig | |
| 27 | *Monaco* | Zwergstaat, Finanzplatz | |
| 28 | *Montenegro,* | * NATO-Mitglied (seit 2017) | |
| 29 | *Neuseeland* | Kolonialmacht, Mitglied westlicher Militärbündnisse | JA |
| 30 | *Niederlande* | Ehemalige Kolonialmacht, NATO Mitglied, Mitglied der EU | |
| 31 | *Norwegen* | NATO-Mitglied | |
| 32 | *Österreich* | Ehemalige europäische Großmacht, Mitglied der EU, angeblich neutral, Mitglied der PFP (Partnership for Peace), EAPC und KFOR | |
| 33 | *Palau* | Insel-Zwergstaat, ehemalige Kolonie, heute US-abhängig | |
| 34 | *Peru* | Stark von den USA abhängig | JA |
| 35 | *Philippinen* | Ehemalige Kolonie, US-abhängig | |

| | Stimmenthaltungen | Charakteristika | US-Militär-basen? |
|---|---|---|---|
| 36 | *Polen* | * NATO-Mitglied, Mitglied der EU | |
| 37 | *Portugal* | Ehemalige Kolonialmacht, NATO-Mitglied, Mitglied der EU | |
| 38 | *Republik Korea, „Südkorea“* | Seit dem Korea Krieg und der Teilung des Landes stark US-abhängig. | |
| 39 | *Republik Moldau (Moldawien)* | * Zwergstaat | |
| 40 | *Rumänien* | * NATO-Mitglied, Mitglied der EU | JA |
| 41 | *San Marino* | Zwergstaat, abhängig von Italien | |
| 42 | *Schweden* | Mitglied der EU, angeblich neutral | |
| 43 | *Schweiz* | Kleinstaat, Finanzplatz, angeblich neutral, Mitglied der PFP (Partnership for Peace) Kooperationspartner der NATO | |
| 44 | *Serbien* | * | |
| 45 | *Slowakei* | *NATO-Mitglied, Mitglied der EU | |
| 46 | *Slowenien* | *NATO-Mitglied, Mitglied der EU | |
| 47 | *Spanien* | Ehemalige Kolonialmacht, NATO-Mitglied, Mitglied der EU | JA |
| 48 | *Tschechische Republik* | *NATO-Mitglied, Mitglied der EU | |
| 49 | *Türkei* | NATO-Mitglied | |
| 50 | *Ukraine* | * Stark EU-und US hörig | |
| 51 | *Ungarn* | * NATO-Mitglied, Mitglied der EU | JA |
| 52 | *Vereinigtes Königreich Großbritannien und Nordirland,* | Ehemalige Kolonialmacht, NATO-Mitglied, Mitglied der EU, Atommacht. | |
| 53 | *Zypern* | Mitglied der EU | |

Die Länder, welche der Resolution zugestimmt haben, interessieren hier vorläufig nicht, auch nicht die beiden ablehnenden Stimmen, handelt es sich doch dabei um die USA und um Israel, das Abstimmungsverhalten dieser beiden Länder ist notorisch: Wann immer es um humanitäre, fortschrittliche oder soziale Anliegen vor der UN-Vollversammlung geht werden diese von den USA und von Israel abgelehnt, oder aber die USA machen von ihrem Vetorecht Gebrauch. (Seit der Wahl des bekennenden Faschisten Jair Bolsonaro kommt noch Brasilien als dritter im Bunde dieser unheiligen Allianz hinzu. Es bleibt abzuwarten, wie lange Bolsonaros Herrschaft andauern wird).

Staaten der ehemaligen Sowjetunion oder des ehemals real existierenden Sozialismus werden mit * gezeichnet.

Wir übernehmen die in der Wirtschaftsgeographie übliche Bezeichnung „Zwergstaat“ für Staaten mit besonders geringer Landfläche und Bevölkerung.
Desgleichen die Bezeichnung „Kleinstaat“.

„Neutrale“ Staaten bezeichnen wir als „angeblich neutrale“ Staaten. Neutralität verkommt in einer vom Imperialismus gespaltenen Welt zur heuchlerischen Farce.
NATO-Mitgliedschaft und EU-Mitgliedschaft erwähnen wir, weil dies für die betreffenden Länder Abhängigkeiten schafft, welche an einer freien und unabhängigen Meinungsbildung der betroffenen Länder zweifeln lassen.
Ebenso verhält es sich mit der Frage nach US Militärbasen auf den Territorien der betroffenen Länder. (Sollte dies der Fall sein, kann nicht mehr von einem „unabhängigen Staat“ gesprochen werden.)

Das Abstimmungsverhalten der Staaten offenbart auch deren Abhängigkeiten. Eine Frage kann anhand der obigen Tabelle nicht beantwortet werden: Weshalb hat sich Serbien der Stimme enthalten?
Zwerg- und Kleinstaaten leben generell in Abhängigkeiten.

Offensichtlich ist es der Preis für eine Mitgliedschaft in der EU, auch Mitglied der NATO zu werden, zumindest scheint dies für die Staaten des ehemaligen sozialistischen Lagers der Fall zu sein. (NATO-Osterweiterung). Selbstverständlich trägt jedes

NATO-Mitglied die enormen (und sinnlosen!) Rüstungsausgaben der NATO mit. Ebenso selbstverständlich werden (im NATO-Bündnisfall) Männer und Frauen aus den betreffenden Ländern rekrutiert, um in weit entfernten Weltgegenden Kriege zu führen, mit denen sie nichts zu schaffen haben. Bei *Kolonialmächten* unterscheiden wir zwischen *Kolonialmächten* und *ehemaligen Kolonialmächten.* So sind denn Australien und Neuseeland (ebenso wie die USA und Israel) Kolonialmächte, weil sie die autochthone Bevölkerung diskriminieren, vertreiben und bis hin zum Genozid morden. Belgien, Frankreich, Deutschland und andere hingegen sind *ehemalige Kolonialmächte.* Ihr rassistisches Dünkel und ihr Eurozentrismus wurden indes weder aufgearbeitet noch überwunden. Eine Entkolonialisierung der Köpfe hat niemals stattgefunden.

## Auswirkungen

Die Auswirkungen von Sanktionen, Embargos und Blockaden auf die davon betroffenen Völker wurden bereits von zahlreichen UN-Experten beschrieben und verurteilt. Wir erwähnen erneut als Beispiele Dennis Halliday und Hans von Sponeck, die beide aus Protest gegen die Blockade des Iraks zurückgetreten sind (siehe Kapitel „Irak“). Ebenfalls erwähnt wurde Idriss Jazairy, Sonderberichterstatter für Menschenrechte bei den Vereinten Nationen, der die Blockade gegen Syrien ausdrücklich verurteilt.[38] Diese Stimmen sind authentisch, deren Einschätzungen beruhen auf Fakten und nicht auf Ideologien. Gleichwohl bleibt die Blockadepolitik ein integraler Bestandteil der Kriegsführung der USA und der NATO-Staaten.

In den Jahren 2016/17/18 und 19 haben wir regelmäßig Syrien besucht. Syrien, sowohl von einem illegalen Angriffskrieg als auch von einer umfassenden Blockade betroffen, soll im Folgenden als Beispiel für die Auswirkungen der Blockade auf das Leben des Volkes dienen. Dank Arabisch sprechenden Mitreisenden und FreundInnen hatten wir ausführlich Gelegenheit, mit Menschen aus allen gesellschaftlichen Schichten zu sprechen. In der Tat haben wir niemanden gefunden, der/ oder die dem Westen dankbar für die Blockade wäre. Anders als zum Beispiel in

---

[38] https://www.ohchr.org/EN/Issues/UCM/Pages/IdrissJazairy.aspx (Zugriff März 2020)

Israel, wo der Aufruf zu Boykott, Desinvestitionen und Sanktionen (BDS) aus palästinensischen Kreisen kommt. Anders war es auch in Südafrika unter dem rassistischen Apartheid-Regime. Auch dort befürwortete die von der weißen Minderheit unterdrückte farbige Bevölkerung den Boykott. Weiter unten werden wir detaillierter auf die Problematik eingehen. Nun jedoch soll uns die Frage nach den Auswirkungen der Blockade auf das syrische Volk beschäftigen.
Wer auch immer, wie auch immer versucht, die Blockade zu rechtfertigen – sie lässt sich nicht rechtfertigen. „*Adopt a revolution*", eine westliche Organisation, die nicht müde wird, gegen die syrische Regierung zu hetzen und die auch nicht davor zurückscheut, handfeste Lügen zu verbreiten, schreibt auf Ihrer Webseite:
„*Im Gegensatz zum Irak in den 1990er Jahren handelt es sich hierbei allerdings nicht um UN-Sanktionen – somit kann Syrien noch immer mit Dutzenden von Ländern auf der ganzen Welt handeln und so theoretisch fast jedes benötigte Produkt beziehen. Ausnahmen gelten zudem unter anderem für landwirtschaftliche und pharmazeutische Produkte: Sie sind nicht von Sanktionen betroffen.*"[39]

Es ist richtig, dass es sich im Fall von Syrien nicht um UN-Sanktionen handelt. Dann ist aber auch schon Schluss mit den Fakten. Dass Sanktionen, Embargos und Blockaden ohne gültigen UN-Beschluss illegal sind, ist den Propagandisten von „*Adopt a revolution*" kein Wort wert. Dafür jedoch die völlig haltlose Behauptung „*Syrien kann noch immer mit Dutzenden von Ländern auf der ganzen Welt handeln*". Tatsächlich ist es so, dass kaum ein Land wagt, mit Syrien offizielle Handelsbeziehungen einzugehen. Als Folge davon besteht nämlich die Gefahr, von den USA dafür abgestraft zu werden. Da kann es sich um Bußzahlungen an die USA in Millionenhöhe handeln. Es kann jedoch auch sein, dass das betreffende Land nun seinerseits mit Sanktionen rechnen muss. Die Skala der Möglichkeiten, welche den USA und ihren Komplizen zur Verfügung stehen, ist nach oben offen. Damit beschränken sich „*Dutzende von Ländern*" im Handumdrehen auf ein paar wenige solidarische Staaten, die es wagen, sich dem imperialistischen Diktat zu widersetzen. Die

---

[39] https://adoptrevolution.org/sanktionen-gegen-syrien-von-fakten-und-fiktionen/ (Zugriff März 2020)

Ausnahmen, die *„unter anderem für landwirtschaftliche und pharmazeutische Produkte“* gelten sollen, existieren so nicht – die Menschen in Syrien wären gewiss froh, wenn es diese Ausnahmen geben würde. Landwirtschaftliche und gewisse pharmazeutische Produkte dürfen theoretisch tatsächlich eingeführt werden, aber eben nur theoretisch. Nebst der Sanktionsliste der USA existiert eine Sanktionsliste der EU; und als ob das noch nicht ausreichen würde, eine weitere Liste von Ländern, die nicht Mitglieder der EU sind und die auch nicht den USA angehören. (Australien, Neuseeland, andere sogenannte „neutrale“ Staaten).

Wer immer also mit jemandem in Syrien in eine geschäftliche Beziehung eintreten und zum Beispiel landwirtschaftliche oder pharmazeutische Produkte nach Syrien importieren will, sollte sich besser vorsehen. Erstmal ist zu beachten, dass die Identität der Geschäftspartner in Syrien genau geprüft werden muss. Die schwarze Liste, auf der Leute stehen, mit denen auf gar keinen Fall ein Geschäft gemacht werden darf, ist lang. Ebenso abgestraft werden Geschäftsleute, deren Geschäftspartner mit Personen, die auf der schwarzen Liste in Verbindung gebracht werden können, Geschäfte tätigen. Ein weiterer Stolperstein sind die Produkte, die eingeführt werden sollen. Es sagt sich leicht, landwirtschaftliche und pharmazeutische Produkte seien von der Blockade ausgenommen. So gut wie alle diese Produkte können jedoch unter die *„Dual use“* Bestimmungen fallen: Wie leicht kann eine landwirtschaftliche Maschine in einen Panzer umgebaut werden oder ein Aspirin in eine Massenvernichtungswaffe! Hinzu kommen die Ausfuhrbestimmungen der einzelnen westlichen Länder, die ebenfalls ein Hindernis für eine normale Handelsbeziehung mit Syrien sind. Mit anderen Worten: Jeder Geschäftsmann wird sich daher hüten, mit syrischen Geschäftsleuten eine Geschäftsbeziehung einzugehen. (Mit dem syrischen Staat ist dies eh nicht möglich, da alle Personen die für solche Geschäfte in Frage kämen, auf der schwarzen Liste stehen.) Der administrative Aufwand und die Gebühren, die erhoben werden, sind so hoch, dass an einen Profit nicht mehr zu denken ist. Jeder Geschäftsmann, dessen Unternehmen auf Gewinn und Profit ausgerichtet ist, wird also die Finger davon lassen. Umso mehr, weil ja im Hintergrund immer das Damoklesschwert der USA über jedem Geschäft schwebt.

Diese sogenannten „Unilateralen Sanktionen“ sind nicht bindend und nicht Dutzende, sondern alle Länder könnten wieder in eine normale Handelsbeziehung mit Syrien eintreten. Dass dies nicht

geschieht, ist dem massiven und ebenfalls illegalen Druck der USA und der EU geschuldet. Gemeinhin nennen wir das Erpressung.
Militärisch hat das syrische Volk, die syrische Armee den Kampf gegen diesen Angriffskrieg klar für sich entschieden, darüber kann es nicht den geringsten Zweifel geben. Alle größeren Städte, Aleppo, Homs, Hama, Tadmor, Damaskus sowieso, sind befreit. Nun aber wird mit allen Mitteln versucht, das syrische Volk mittels der illegalen Blockade zu strangulieren. „*Die Luft, die wir atmen, können sie uns nicht nehmen, sonst würden sie das auch noch tun*", ist ein oft gehörtes Wort von verschiedensten Menschen in Syrien. Anderes als in Kuba oder anderen von verbrecherischen Blockaden betroffenen Ländern ist Syrien das überhaupt nicht gewohnt und man kann sagen, diese illegalen Blokkaden haben die Menschen kalt erwischt: Bankkonten auf ausländischen Banken werden eingefroren. Freunde und Verwandte im Exil können kein Geld mehr nach Hause schicken. Ärzte und Krankenhäuser können kein Zubehör für ihre medizinischen Geräte mehr kaufen. Saatgut und Ernten dürfen weder exportiert noch importiert werden. Der Handel ganz allgemein ist untersagt. Länder und Firmen, die sich nicht darum kümmern, werden ebenfalls strengstens bestraft. All dies ohne jede gesetzliche Grundlage, entgegen allen Bestimmungen des Völkerrechts, basierend rein auf der Machtbesessenheit der USA , der EU und deren Vasallen.

Die Menschen in den von Blockaden betroffenen Ländern melden sich zu Wort.

**Einige authentische Stimmen zur Blockade gegen Syrien aus dem Land selbst:**
„Operationen, die eigentlich einfach und für uns Routine sind, können nicht mehr gemacht werden, weil das Material fehlt. Ein Bypass-Patient wartet zum Beispiel auf einen Bypass, ein defektes Röntgengerät kann nicht repariert werden, weil sich die westlichen Hersteller weigern, Ersatzteile zu liefern und so weiter. Die Regeln und die Regulierungen, unter die auch die medizinischen Geräte fallen, sind kompliziert – de facto ist es so, dass eigentlich gar nichts mehr eingeführt werden darf. Das führt dazu, dass wir uns natürlich nach Alternativen umsehen: China, Russland, Indien und andere beliefern uns natürlich. Aber sehr oft sind deren Geräte und das notwendige Zubehör nicht kompa-

tibel mit den Geräten, die wir vor Jahren im Westen gekauft haben. Schlussendlich ist es tatsächlich so, dass wegen der Blockade Menschen im Krankenhaus sterben, die eigentlich mit relativ einfachen Mitteln hätten gerettet werden können".
*Samir M.*[40]*, Chirurg in einem der führenden Krankenhäuser Aleppos, Aleppo*

„Mein Geschäft habe ich mit Erdöl und mit Erdölprodukten gemacht. Die Entwicklung ist für mich natürlich eine Katastrophe. Ausgerechnet meine Sparte ist direkt von der Blockade betroffen. Es geht aber nicht allein um Erdöl und um Erdölprodukte, auch der gesamte Bankensektor ist betroffen. Ich hatte kürzlich die Gelegenheit, einen Posten Öl zu kaufen, ich werde hier nicht sagen, woher. Das Geschäft war abgeschlossen und ich wollte bezahlen, aber wie? Banküberweisungen nach Syrien und aus Syrien heraus fallen unter die Blockadebestimmungen. Was hätte ich tun sollen? Ich bin auf meine Bank, habe mir das benötigte Geld in bar auszahlen lassen und es in einen Koffer gepackt. Damit bin ich in den Libanon gereist und habe dort das Geld ordnungsgemäß überwiesen. Wenn ich das weiter so machen muss, ist erstens das Risiko zu groß, zweitens verteuert das die Ware und drittens begreift niemand, was das soll. Es ist die Fortsetzung des Krieges gegen uns mit anderen Mitteln." (Mittlerweile ist auch das unmöglich: Seit Herbst 2019 zahlen die Banken im Libanon noch höchsten 200, anderen Quellen zufolge nur noch 100 US-$ pro Monat aus, Stand Frühjahr 2020, M.H.)
*Eldin S., Geschäftsmann, Damaskus*

„Mein Gehalt als Berufsoffizier beträgt umgerechnet 80 Euro pro Monat. Vor den Ereignissen, vor dem Krieg haben wir als Familie, meine Frau und 2 halbwüchsige Knaben, gut leben können. Wir wurden nicht reich, aber wir haben gut gelebt. Ab 2011 passierte eine enorme Entwertung des syrischen Pfundes. Die Preise von allem schnellten von einem Tag zum anderen in die Höhe. Einzig die Preise von Brot und anderen Grundnahrungsmitteln blieben stabil, aber nur, weil sie von unserer Regierung bis heute subventioniert werden. Mein Gehalt, mit dem ich früher meine Familie ernährt habe und mit dem wir uns ab und zu noch etwas extra leisten konnten, reicht heute nicht mehr. Meine Frau ist zu ihrem alten Beruf als Lehrerin zurückgekehrt und gemeinsam,

[40] alle Namen wurden geändert

mit zwei Gehältern, kommen wir durch. Gottseidank sind unsere Kinder bereits in einem Alter da sie nicht mehr den ganzen Tag auf Vater und Mutter angewiesen sind.“
*Hadi J., Oberst der Armee, Gegend von Lattakia*

„Geh auf den Markt von Damaskus. Du wirst dort alles finden, was dein Herz begehrt, es gibt auch jetzt nichts was es nicht gibt. Die beiden Fragen, die du dir stellen musst, sind lediglich: Wo finde ich es? Und wie teuer ist es? Als jemand, der in Damaskus aufgewachsen ist, habe ich keine Probleme, alles zu finden, was ich will. Wenn ich die Preise, die heute verlangt werden, bezahlen soll, wird es schwierig, oft unmöglich. Das hat nur mit der Blockade zu tun. Alles, was nicht „made in Syria“ ist, muss ja eingeführt werden. Einführen darf man aber, wenn es nach den USA und nach der EU geht, nichts. Also muss alles, was nicht eingeführt werden darf, eingeschmuggelt werden. Und logischerweise verteuert das alles. Dinge, die früher selbstverständlich waren, wie zum Beispiel elektronische Geräte und vieles andere, kann man sich heute einfach nicht mehr leisten.
*Mabrouk A., Ingenieur, Damaskus*

„Das Embargo, die Blockade gegen Syrien hat nur einen Zweck: Die syrische Regierung soll in die Knie gezwungen werden, sie soll abdanken zu Gunsten einer westlichen Marionette. Das wird nicht geschehen. Diese Regierung hat das Volk hinter sich wie wahrscheinlich keine syrische Regierung zuvor. Wir als Christen hätten schon längst flüchten müssen oder wir wären ermordet worden ohne den Schutz der syrischen Regierung und der syrischen Armee. Dabei kümmert es sie wahrscheinlich nicht, ob wir Christen sind oder nicht. Sie sehen, dass wir und unsere Kirchen von den Terrorbanden bedroht werden und deswegen schützen sie uns. Man kann jetzt sagen, der Krieg ist vorbei, Syrien hat den Krieg gewonnen und jetzt könnten wir in Frieden mit dem Wiederaufbau und mit der Versöhnung beginnen. Dazu ist es jedoch notwendig, die Blockade endlich aufzuheben. Sie ist unmenschlich, sie schadet dem Volk. Sie kann nicht gerechtfertigt werden.
*Pater Devin M., christlicher Priester, nahe Qara*

Diesen Aussagen, die wir hier protokollieren, könnten wir unzählige andere hinzufügen, die uns ähnliches oder gleiches berichten. Die Menschen leiden unter der Blockade. Nicht ihre gewählte Regierung wollen sie beseitigen, sondern die Blockade.

## Verantwortungen

Die Verantwortung für die herrschenden Zustände tragen wir alle. Diese Aussage ist richtig – und sie ist billig. Denn wenn alle die Verantwortung tragen, trägt sie letztendlich niemand und es bleibt alles so, wie es ist, wie es aber nicht sein soll. Verantwortlichkeit kann benannt werden, sie ist hierarchisch gegliedert.
Parteien, Gewerkschaften und andere zivilgesellschaftliche Organisationen, überhaupt alle Menschen in den Ländern, die andere Länder mit Blockaden belegen, können natürlich nicht aus ihrer Verantwortung entlassen werden. Wenn ein Land ein anderes Land angreift und sich die Menschen im Land des Angreifers dazu still verhalten, machen sie sich mitschuldig – Schweigen bedeutet Zustimmung. Weiter oben wurde verschiedentlich ausgeführt, dass die Blockadepolitik der USA, der EU, der NATO-Staaten und ihrer Komplizen eine andere Form des Krieges ist. Deshalb sind alle, die zu den illegalen Blockaden ihrer Regierungen schweigen ebenfalls Komplizen – Schweigen bedeutet Zustimmung.
Regierungen stehen an der Spitze, mit ihnen natürlich die Parteien, denen diese Regierungen angehören und denen sie verpflichtet sind. Die Parteien, vor allem die Parteien aus dem linken Spektrum, wie den Sozialdemokraten, den Grünen und der Linken, die ja oft an den Regierungen ihrer Länder beteiligt sind, nehmen diese Verantwortung nicht oder nur sehr unzulänglich wahr. In ihrer Verantwortung wäre es, die schönen Worte „*Demokratie*“, „*Menschenrechte*“ und dergleichen mehr nicht zu leeren Worthülsen degenerieren zu lassen.

Es folgen die Gewerkschaften: Solidarität gehört zum eigentlichen Kerngeschäft der Gewerkschaften. Solidarität ist internationale Solidarität oder es ist keine Solidarität. Bezogen auf die anhaltenden und illegalen Blockaden bedeutet dies für die Gewerkschaften die unbedingte Verpflichtung zur Solidarität mit den betroffenen Völkern. Viele der europäischen Gewerkschaften sind – je nach Land – ausgesprochen kämpferische Organisationen und scheuen auch nicht vor Kampfmaßnahmen wie Streiks – und was sonst noch zum klassenkämpferischen Instrumentarium gehört – zurück. So bewundernswert dieser Kampfgeist gegen die herrschende Klasse auch ist, begnügt er sich doch in aller Regel mit Besitzstandswahrung.

Die Zeiten, in denen die Gewerkschaften die Speerspitze des Klassenkampfs waren, scheinen – zumindest in den NATO Staaten, den USA und deren Vasallengesellschaften – vorbei zu sein. Die These, die Krise innerhalb der Gewerkschaften habe ihren Ursprung in der Tatsache, dass es immer weniger Arbeiter gebe, ist natürlich Nonsens. Eine Gewerkschaft ist eine Vereinigung der Interessenvertretung von abhängig beschäftigten ArbeitnehmerInnen, konkret zur Vertretung ihrer wirtschaftlichen, sozialen und kulturellen Interessen. Dies ist die allgemein gültige und anerkannte Definition einer Gewerkschaft. Gemäß dieser Definition haben HochschulprofessInnen, Metallarbeiter, Manager und Straßenwischer mit der überwiegenden Mehrheit in unseren Gesellschaften eine Gemeinsamkeit: Sie alle, wie die meisten von uns sind *abhängig beschäftigte ArbeitnehmerInnen*, wir alle beziehen einen Lohn. Wenn wir global von einem Makro- Imperialismus reden, dann reden wir in diesem Fall von einem Mikro-Imperialismus.[41] Ebenso wie der Imperialismus im Großen spaltet, spaltet er auch im Kleinen. Daher haben HochschulprofessorInnen, AbteilungsleiterInnen, ManagerInnen und andere Hoch- und Besserverdienende in aller Regel auch kaum ein Bewusstsein über ihre Klassenzugehörigkeit: Sie sind Lohnabhängige. Die Gewerkschaften haben es weitgehend versäumt, diese Kreise zu rekrutieren, zu schulen und zu mobilisieren. Es erstaunt daher wenig, dass im Allgemeinen innerhalb der Gewerkschaften kein oder kaum ein Bewusstsein darüber vorhanden ist, was Solidarität, geschweige denn, was internationale Solidarität ist. Und auch, wenn wir uns wiederholen: Solidarität ist internationale Solidarität oder es ist keine Solidarität.

Auch hier stellen wir fest, dass das Schweigen der Gewerkschaften zu den Blockaden ein vorwiegend europäisches Phänomen ist. Bereits zum dritten Mal veranstaltet der syrische Gewerkschaftsbund (GFTU)[42] im Jahr 2019 einen internationalen Kongress der Gewerkschaften gegen Embargos, Sanktionen und Blockaden.[43] Diese Kongresse finden jeweils in Zusammenarbeit

---

[41] Siehe: „Zur Anatomie des Imperialismus“ M. Heizmann, TuP Verlag Hamburg, 2019

[42] http://tss-est.net/worker/ (Zugriff März 2020)

[43] https://www.sana.sy/en/?p=172926 (Zugriff März 2020) und http://www.wftucentral.org/the-international-forum-in-solidarity-with-syrian-workers-opened-its-works-today-in-damascus/ (Zugriff März 2020)

mit der WFTU[44] (World Federation of Trade Unions) statt. Sie sind von einer überwältigenden Solidarität mit den Syrischen ArbeiterInnen und dem Syrischen Volk geprägt. Allerdings verbleiben die Solidaritätsbekundungen der europäischen Delegierten in verbalen Beiträgen[45] (siehe dazu auch weiter unten im Kapitel „Unser konkreter Widerstand). Es sind die Regierungen ihrer Länder, welche die Blockaden vollziehen. Hören wir neben den gerechtfertigten Parolen des Klassenkampfs an die Adresse der Herrschenden, also an die Adresse derjenigen, welche auch die Blockaden verhängen, klare Forderungen nach der Beendigung dieser Blockaden? Und selbst, wenn solche Forderungen erhoben werden, was wird getan, um sie durchzusetzen?
Tatsächlich gibt es Mittel und Wege, um die berechtigten Forderungen nach Beendigung der Blockaden und Kriege nicht nur zu stellen, sondern diesen Forderungen auch Nachdruck zu verschaffen. Internationale Solidarität in der Praxis ist in europäischen Gefilden selten, aber sie kommt vor. Ein Beispiel dafür ist der Mai 2019. In Genua verhinderten kämpferische Hafenarbeiter die Beladung eines saudi-arabischen Schiffes mit Rüstungsgütern für den Angriffskrieg, den die Saudis und ihre Komplizen gegen Jemen führen. Mittlerweile wurden durch den Krieg gegen Jemen mehr als 56.000 Menschen allein durch die Kampfhandlungen ermordet. Mehr als zwei Millionen Menschen wurden zur Flucht gezwungen. Die Zahl der Kinder unter fünf Jahren, welche mittlerweile durch Unterernährung ums Leben gekommen sind, beläuft sich auf rund 85.000. Laut UN-Nothilfe haben mehr als 20 Millionen Menschen große Schwierigkeiten, an ausreichend Lebensmittel zu kommen. Das sind 75% der Bevölkerung. Diese Zahlen steigen täglich. In den Medien wird die humanitäre Katastrophe weitgehend verschwiegen. Rund 100 Hafenarbeiter in Genua stellten sich diesem Wahnsinn entgegen. Sie weigerten sich am Montag, dem 20. Mai 2019, das saudi-arabische Frachtschiff „Bahri-Yanbu“ mit Rüstungsgütern zu beladen und sie streikten solange, wie die Beladung des Schiffes gefordert wurde. Die Rüstungsgüter waren für das Regime in Saudi-Arabien bestimmt, welche sie im Krieg gegen Jemen einsetzten wollte. Die Arbeiterklasse kann gegen den Imperialismus nur erfolgreich

---

[44] http://www.wftucentral.org/the-international-forum-in-solidarity-with-syrian-workers-opened-its-works-today-in-damascus (Zugriff März 2020)

[45] http://www.nrhz.de/flyer/beitrag.php?id=26212 (Zugriff März 2020)

kämpfen, wenn sie fest auf dem Boden der internationalen Solidarität steht. Die Hafenarbeiter, die im Volksmund auch „Camalli" genannt werden, sind in der Gewerkschaft „Compagnia Unica fra i Lavoratori" organsiert, die auf eine lange Tradition in der italienischen Arbeiterbewegung zurückblicken kann. Sie sind bereits seit den Protesten gegen die Besetzung durch das deutsche Nazi-Regime im 2. Weltkrieg aktiv und erinnern sich an ihre kämpferische Geschichte. Auch im Vietnam- und im Golfkrieg blockierten die „Camalli" US-amerikanische Schiffe, welche im Hafen von Genua anlegen wollten. Gleichzeitig organisierten sie Erste-Hilfe-Schiffe zur Unterstützung der vietnamesischen Bevölkerung. Dies ist eines der besten Beispiele für die internationale Solidarität der Arbeiterklasse gegen jede Form von imperialistischer Unterdrückung und Kriegstreiberei.[46]
Zwar manifestiert sich der Widerstand der italienischen Hafenarbeiter in diesem Fall gegen einen offenen Angriffskrieg. Es fragt sich jedoch, weshalb gleiches nicht gegen ebenso illegale und oft auch gegen ebenso tödliche Blockaden geschehen kann. Der Angriffskrieg des saudischen Regimes und der mit ihm verbündeten zionistischen und imperialistischen Mächte wird von den westlichen Medien ganz im Sinn der Herrschenden gezeichnet – die herrschende Meinung ist die Meinung der Herrschenden. Ebenso verhält es sich mit Sanktionen, Embargos und Blockaden. Wir erfahren wenig bis gar nichts über die katastrophalen Auswirkungen dieses verschwiegenen Krieges.

Im Jahr 1960 bearbeiteten die zionistischen Organisationen in den USA die Gewerkschaften der Hafenarbeiter. In der Folge weigerten sich diese, das ägyptische Schiff „*Cleopatra*" welches mit Textilien, Baumwolle und Konfektionskleidung beladen in den Hafen von New York eingelaufen war, zu löschen. Die „*Cleopatra*" sollte nach der Löschung ihrer Fracht mit 30.000 Tonnen Weizen nach Ägypten zurückkehren. Mit der Blockade des ägyptischen Frachters sollte die ägyptische Regierung dazu gezwungen werden, einen Frieden mit Israel zu akzeptieren und

---

[46] Quellen: https://www.derfunke.de/rubriken/international/europa/2488-hafenarbeiter-streiken-gegen-ruestungsexporte (Zugriff März 2020) und https://diefreiheitsliebe.de/politik/italienische-hafenarbeiter-streiken-weil-sie-saudisches-schiff-mit-waffen-zu-beladen-sollen/ (Zugriff März 2020)

ihr Engagement innerhalb der Blockfreien[47] und gegen den Kolonialismus – vor allem in Afrika – beenden. Die ägyptische Regierung unter Gamal Abdel Nasser protestierte zuerst formell gegen den Boykott bei der US-Regierung unter Eisenhower. Erfolglos, ein US-Gericht entschied, dass es sich dabei um einen „Arbeitskonflikt" handle, bei dem die Regierung der Vereinigten Staaten nicht zuständig sei. Daraufhin hielt Präsident Nasser in Kairo eine Rede, die lediglich fünf Minuten dauerte und die von allen arabischen Radiostationen übertragen wurde, mit beeindruckendem Erfolg: In sämtlichen arabischen Häfen, von Marokko bis in den Irak, weigerten sich die Hafenarbeiter, US-amerikanische Schiffe abzufertigen, sie weder zu beladen noch zu löschen. Eisenhower sah sich gezwungen die Armee aufzubieten. Die Truppen der US-Armee löschten die Ladung der „*Cleopatra*" und beluden das Schiff neu. Das deutsche Magazin „*Der Spiegel*", damals schon ein, gelinde ausgedrückt, zionismusfreundliches Presseerzeugnis, berichtete darüber unter dem ebenso süffigen wie irreführenden Titel „*Ärger mit Cleopatra*". In der Ausgabe vom 11.05.1960 war zu lesen:

„*[...] Am Pier 16 in New York hatte an jenem 13. April der 8000-Tonnen-Frachter „Cleopatra" der ägyptischen „Khedivial Mail Line" festgemacht. Die Sailor-Streikposten, von der Gewerkschaft der Hafenarbeiter kollegial unterstützt, boykottierten jedoch die Entladung des Schiffes und tun es heute noch. Eine Klage der ägyptischen Reederei gegen die beiden Gewerkschaften hatte bei den New Yorker Gerichten keinen Erfolg. Richter Thomas F. Murphy entschied, es handele sich um einen „Arbeitsdisput", über den er nicht zu befinden habe. [...]*"

Und weiter: „*[...] Der von Nasser dirigierte Boykott trifft über 700 amerikanische Schiffe, die Jahr für Jahr arabische Häfen anlaufen und dort etwa 430 000 Tonnen Lebensmittel und Industrieerzeugnisse umschlagen. Er trifft aber auch die Araber*

---

[47] Die Bewegung der Blockfreien Staaten ist eine internationale Organisation von Staaten, die sich im Ost-West-Konflikt neutral verhielten. Die Gründung der Organisation ging auf eine Initiative des jugoslawischen Präsidenten Tito, des ägyptischen Präsidenten Nasser, des indischen Premierministers Nehru sowie des indonesischen Präsidenten Sukarno zurück. Die Organisation konstituierte sich 1961 auf ihrer ersten Sitzung in Belgrad. Ihr traten in der Folge viele ehemalige afrikanische und asiatische Kolonien bei, die sich erst seit kurzem als Staaten konstituiert hatten oder die noch um ihre Unabhängigkeit kämpften

*selbst, denn er unterbricht die amerikanische Auslandshilfe. Hilfslieferungen werden laut US-Gesetz nur von amerikanischen Schiffen befördert. […]*“[48]

Hier werden typisch imperialistische Stereotype bedient: Die vom Zionismus instrumentalisierten Gewerkschaften „*unterstützen kollegial*“ die illegale Aktion gegen Ägypten. Eine Staatsaffäre wird durch richterlichen Beschluss zu einem „Arbeitsdisput“. Die tatsächlich solidarische Weigerung der Hafenarbeiter, US amerikanische Schiffe zu löschen und zu beladen, wird in der Leseart des „Spiegel“ zu einem „*von Nasser diktierten Boykott*“, der (auch) die Araber trifft. Die Argumentationen gegen den berechtigten Widerstand der angegriffenen Völker ähneln sich damals wie heute: Auch heute versuchen sie uns einzureden, der Boykott gegen Israel schade den Palästinensern, ebenso haben sie versucht, uns weißzumachen, der Boykott gegen die südafrikanische Apartheid schade der unterdrückten farbigen Bevölkerung.

Anders wird dies in arabischen Schulen vermittelt, zum Beispiel in der syrischen Grundschule:

*„Die zionistischen Organisationen in den USA haben versucht, die Transport-Gewerkschaften in New York zu beeinflussen. Ägyptische Schiffe sollten weder be- noch entladen werden. Damit sollte Druck auf Gamal Abdel Nasser ausgeübt werden. Ziel war es einerseits, ein Friedensabkommen mit Israel zu erzwingen, andererseits sollte so verhindert werden, dass Ägypten die Länder der Dritten Welt und die Länder der blockfreien Staaten gegen Israel beeinflusst. Die zionistischen Organisationen konnten bewirken, dass die ägyptischen Schiffe nicht gelöscht wurden. Der Frachter „Cleopatra“, beladen mit Textilien und Baumwolle, wurde nachdem er im Hafen von New York eingelaufen war, nicht gelöscht. Auf der Rückfahrt nach Ägypten sollte die „Cleopatra“ 30.000 Tonnen Weizen mitnehmen. Ziel der Aktion war es, damit eine Verknappung des Brotes in Ägypten herbeizuführen. Der Kapitän der „Cleopatra“ verständigte die ägyptische Botschaft in New York über die Maßnahmen. Die Botschaft ihrerseits informierte darauf den ägyptischen Außenminister Mahmoud Fausi, dieser wiederum verständigte Präsident Gamal Abdel Nasser.*

*Daraufhin wandte sich Präsident Nasser in einer Ansprache, die lediglich 5 Minuten dauerte, an die Welt. In diesen 5 Minuten*

[48] https://www.spiegel.de/spiegel/print/d-43065690.html (Zugriff März 2020)

*forderte er die Gewerkschaften in allen arabischen Häfen auf, eine Antwort auf die Provokation zu geben. Binnen drei Stunden wurden in verschiedenen Häfen der arabischen Welt 80 US-amerikanische Schiffe blockiert, indem sie weder gelöscht noch beladen wurden. Diese Blockade der US-Schiffe reichte von Marokko bis in den Irak. So reagierten die arabischen Hafenarbeiter in Solidarität auf die US Blockade gegen Ägypten.*
*Danach gab US Präsident Eisenhower der Armee den Befehl, die Ladung der „Cleopatra" zu löschen und neu mit Weizen zu beladen."*[49]

Es ist also möglich, den Machenschaften des Imperialismus und des Zionismus wirksamen Widerstand zu leisten. Die Verantwortung ist hierarchisch aufgebaut und es liegt in der Natur der Sache, dass die Wirksamkeit des Widerstandes umso wirksamer ist, je höher die Hierarchie-Stufe ist, von der aus dieser Widerstand geleistet wird. Insofern ist der Widerstand von Staaten gegen andere Staaten, die diese Blockaden realisieren, der wirksamste Widerstand. Dies umso mehr, als die Staaten, bzw. die Regierungen, welche die Blockaden aussprechen und praktizieren, ja die absolute Minderheit sind. Wir alle hier im Westen, so haben wir von Kindesbeinen an gelernt, leben in der „*besten aller Welten*", nämlich in einer Demokratie. Jede Regierung innerhalb des imperialistischen Lagers beruft sich auf diese demokratischen Werte. In den imperialistischen Staaten herrscht – so das Narrativ – Demokratie. Wenn dies tatsächlich der Fall sein sollte, dann müssen wir uns fragen: Sind also die Völker in diesen sogenannten Demokratien (die USA, über Großbritannien und Frankreich, Deutschland und die angeblich neutralen Staaten wie die Schweiz, Österreich, Irland und andere) tatsächlich mit den Blockaden einverstanden? Sind diese Völker damit einverstanden, dass die Blockaden Kinder wegen Mangelernährung, mangelnder medizinischer Versorgung und verschmutztem Trinkwasser töten? Sind sie damit einverstanden, dass den Völkern Regierungen, de facto westliche Marionetten, aufgezwungen werden, die sie nicht wollen, die sie niemals gewählt haben? Wenn die Antwort darauf „Ja" lauten sollte, dann können wir auch nicht mehr verharmlosend von einer „Kollektivschuld" sprechen. Dann ist jede Einzelne, jeder Einzelne von uns, der

[49] Aus einem syrischen Schulbuch der damaligen Zeit aus der Erinnerung zitiert und übersetzt von Maamoun Chawki

oder die sich nicht gegen diese Verbrechen wehrt, direkt mitschuldig.
Die Verantwortung ist hierarchisch gegliedert: Regierungen, Parteien, Organisationen wie Gewerkschaften, NGO's und Ähnliches und schließlich wir alle. Als Individuen tragen auch wir Verantwortung. Aber sind sich die Menschen innerhalb der imperialistischen Staaten überhaupt ihrer Schuld und ihrer Verantwortung bewusst? Sind sie informiert?
Was können wir als Einzelpersonen tun? Sanktionen, Embargos und Blockaden werden, ebenso wie die Angriffskriege, hier in den imperialistischen Kernländern beschlossen und vollzogen. Ergo müssen sie auch genau hier von uns allen bekämpft werden. Was die Hafenarbeiter in Genua oder in den Häfen der arabischen Länder getan haben, ist ein Beispiel internationaler Solidarität. Solche Aktionen können jedoch nur gut informierte Menschen auf den Weg bringen. Das heißt, die erste Aufgabe, der wir uns alle stellen müssen, ist uns zu informieren, diese Informationen zu verarbeiten, zu diskutieren und sie weiter zu verbreiten. Dies kann und soll zu Aktionen führen. Sich von der imperialistischen Kriegspresse nicht einlullen zu lassen, sollte in Zeiten des Internets und der globalen Vernetzung eigentlich kein allzu hoher Anspruch sein. Wir alle sind in der Lage, Informationen, die uns präsentiert werden, zu hinterfragen. Vielleicht ist es uns nicht immer möglich, diese Informationen zu verifizieren oder zu falsifizieren. In den allermeisten Fällen jedoch hilft uns logisches Denken weiter. Ist es zum Beispiel logisch, dass:
es der Bevölkerung des betroffenen Landes nützen soll, wenn ihr Medikamente und medizinische Geräte vorenthalten werden?
Desgleichen mit Lebensmitteln, sauberem Trinkwasser und landwirtschaftlichen Geräten und Maschinen?
Desgleichen mit Schulmaterial?
Desgleichen mit allen anderen Dingen des täglichen Bedarfs, Hygieneartikel usw.
Wir brauchen in der Tat ein Minimum an gesundem Menschenverstand, um klar zu erkennen, wie ungerecht derartige Maßnahmen sind und wie unmenschlich sie sich auf die davon betroffenen Völker auswirken.
Um bei unseren Mitmenschen Empörung darüber auszulösen, genügt oft schon eine einfache Diskussion, in welcher diese Zusammenhänge aufgezeigt werden. Die meisten Menschen wissen in der Tat gar nicht, was unsere Regierungen in unserem Namen und in völliger Hörigkeit gegenüber den USA und deren NATO-

Komplizen anrichten. Woher auch? Die Medien des Imperialismus verbreiten konstant dieselben, eigentlich schon längst als Lügen entlarvten Geschichten als politische Realitäten. Aber: Die Aggressionen, militärisch, wirtschaftlich und politisch, haben ihren Ursprung direkt und unmittelbar bei uns! Allein diese Tatsachen anzusprechen hat oft schon eine erstaunliche Wirkung.

## Die Rolle der Kirchen

Syrien war und ist eine multi-ethnische, multi-religiöse Gesellschaft. Selbstverständlich gibt es in Syrien trotzdem Mehrheiten und Minderheiten. Diese Mehrheitsverhältnisse waren innerhalb der syrischen Gesellschaft niemals ein Problem. Eine „konfessionellen Parität“,[50] wie sie in anderen Ländern, zum Beispiel im Libanon, praktiziert wird, war in Syrien niemals ein Thema. Religion, obwohl in Syrien omnipräsent in Kirchen und Moscheen und früher auch in Synagogen, spielt in der Politik des Landes keine Rolle. Ob die Menschen in Syrien nun einer gesellschaftlichen, religiösen oder ethnischen Minderheit oder Mehrheit angehören, sie erfahren innerhalb des syrischen Staates alle dieselben Rechte und dieselben Pflichten.

Christliche Gemeinschaften, so wurde uns übereinstimmend berichtet, fühlten sich während des Angriffskrieges durch die Banden des „Islamischen Staates“ besonders bedroht. Sie wurden jedoch, so wie alle anderen Angehörigen des syrischen Volkes, so gut wie möglich von der syrisch-arabischen Armee geschützt. Es wundert daher nicht, dass die Würdenträger eben dieser christlichen Gemeinschaften, ob orthodox, katholisch, melkitisch, evangelisch oder sonst einer Richtung des Christentums angehörend, ihre Loyalität zur syrischen Armee und zur syrischen Regierung immer wieder bekunden. Diese Loyalität manifestiert sich in vielerlei Bereichen. So nehmen zum Beispiel viele Kirchen und Klöster ihre traditionell karitative Verantwortung wahr und arbeiten als eigentliche innersyrische NGO's mit der Regierung und der Armee zusammen. 2016 hatten wir zum Beispiel die Gelegenheit, MitarbeiterInnen, Nonnen und Mönche des Klosters Mar Yakoub, zwischen Damaskus und Homs gelegen, bei einer Lebensmittelverteilung nahe Aleppo zu begleiten. Aleppo

[50] Konfessionelle Parität bezeichnet die gleichberechtigte Aufteilung der Macht zwischen verschiedenen Konfessionsgruppen.

war damals noch heftig umkämpft und der Ostteil der Stadt war fast vollständig von den Terrorbanden und ihren Komplizen besetzt.[51] Während desselben Aufenthaltes wurden wir auch in Aleppo von Bischof Jean C. Jeanbart empfangen. Er unterschrieb auch mit anderen christlichen Würdenträgern den Appell, mit dem sich Bischof Tobji an die Weltöffentlichkeit wandte:

Erzbischof Joseph Tobji von Aleppo: „Die 5 Dinge, die der Westen sofort tun müsste, um den Krieg in Syrien zu beenden"

21.10.2016
Der Erzbischof von Aleppo Joseph Tobij lebt wie weitere 1,3 Mio. Syrer im Westteil der Stadt, der sich unter der Kontrolle der Regierung befindet. Im flächenmäßig etwa gleich großen Ostteil, den die „Rebellen" von Al Nusra und ihre Verbündeten beherrschen, halten sich noch knapp 300.000 Menschen auf. Eingeladen von der 5-Sterne Bewegung hat Erzbischof Tobji am 5.10.16 auf einer Pressekonferenz in der Italienischen Abgeordnetenkammer erklärt:
„Mit aller Deutlichkeit möchte ich vor allem sagen: Schluss mit dem Krieg."
„Ich lebe im Westteil von Aleppo. Wir sind jeden Tag mit dem Tod, mit Raketen, Mörser- und. Kanonenschüssen sowie Scharfschützen konfrontiert. Die Terroristen schießen überall. Wenn wir solche Angriffe erleiden, können wir die Täter nicht als Rebellen bezeichnen. Allein in der letzten Woche hatten wir 75 Tote und 180 Verletzte. Gestern wurde die Universität getroffen. Es gab viele Opfer. Jeden Tag gibt es Beerdigungen. Auch wenn wir zuhause bleiben, sind wir nicht sicher: die Häuser stürzen über deinem Kopf ein. Aleppo ist die zweite Stadt in Syrien. Dort lebten 4 Millionen Menschen. Jetzt ist sie halb zerstört. Unsere beiden maronitischen Kirchen gibt es nicht mehr, viele Moscheen, Krankenhäuser, Wohnhäuser, Fabriken und Geschäfte liegen in Trümmern."
„Häufig haben wir keinen Strom und das geht so seit 5 Jahren. Ohne Strom kommt alles zum Stillstand, es kann nicht gearbeitet werden. Seit 5 Jahren ist das Stromwerk in der Hand der Terroristen. Häufig gibt es kein fließendes Wasser. Es ist deshalb normal geworden, sich vor den Brunnen anzustellen, um seine Kani-

[51] Siehe dazu „Syrien – eine Land im Widerstand" Heizmann und Heizmann, TuP Verlag Hamburg

ster zu füllen. Die alten Menschen müssen sie hinauf in ihre Wohnungen tragen. Das Schlangestehen macht man unter dem Beschuss von Raketen …

Als Folge des Krieges und der Sanktionen herrscht große Armut. Man spricht viel von Belagerungen: Der Westteil stand häufig unter Belagerung. Die einzige Straße war von bewaffneten Gruppen blockiert und dann kam nichts durch, nichts. Es gibt zahlreiche physische und psychische Erkrankungen. In dieser Situation warten alle darauf, wann sie mit dem Sterben an der Reihe sind.

Die Medien sprechen nur von den Leiden unserer Brüder im Ostteil, nicht von unseren Leiden. Sie zeigen ein armes Kind, das aus den Trümmern gezogen wurde, aber nicht die vielen anderen getöteten oder verstümmelten Kinder im Westteil. Ich betone: Es handelt sich nicht um einen Religionskrieg. Die Religion wird instrumentalisiert. Der Krieg forciert die Emigration. Wir sind mittlerweile ohne Jugend, ohne Zukunft. Wer wird unser Land wieder aufbauen? Wie wird Syrien in 30 Jahren aussehen? Wird es seine Vielfalt verloren haben?“

Das sind unsere Forderungen, an den Westen, die er sofort erfüllen müsste um den Krieg in Syrien zu beenden damit der Krieg ein Ende findet:

1. Schluss mit dem Waffenverkauf
2. Der Zufluss von Terroristen über die türkische Grenze ist zu beenden.
3. Schluss mit den Gehaltszahlungen an Terroristen
4. Die unmoralischen Wirtschaftssanktionen sind aufzuheben
5. Helft uns, das Leben wieder aufzubauen. Unterstützt Versöhnung und Übereinkünfte zwischen den ethnischen und religiösen Gemeinschaften.

**Unterzeichner:**

Georges Abou Khazen, Apostolischer Vikar von Aleppo, Pierbattista Pizzaballa, Kustos emeritus des Heiligen Landes, Josef Tobji, Erzbischof der Maroniten von Aleppo, Boutros Marayati, Armenischer Bischof von Aleppo, die Schwestern der „Kongregation des heiligen Josef der Erscheinung“ des Krankenhauses „Saint Louis“ von Aleppo, die Ordensgemeinschaft der Trappistinnen in Syrien, Dr. Nabil Antaki, Arzt in Aleppo von der Ordensgemeinschaft der Gesellschaft Maria, die Schwestern der Kongregation der immerwährenden Hilfe – Zentrum für Minderjährige und Waisen von Marmarita, Pater Firas Loufti, Franziskaner, Jean–Clement Jeanbart, griechisch-orthodoxer Erzbischof von Aleppo,

Jacques Behnan Hindo, syrisch-katholischer Bischof von Hassake – Nisibi, Mtanios Haddad, Archimandrit der katholisch - melkitischen Kirche, Hilarion Capucci, emerit. Erzbischof der melkitischen griechisch-kath. Kirche, Ignaz Youssef III Younan, Patriarch der unierten syrisch-kath. Kirche von Antiochien, Georges Masri, Prokurator beim Heiligen Stuhl der syrisch-kath. Kirche Gregor III Laham, Patriarch der melkitisch griechisch-kath. Kirche.[52]

Es fällt auf, dass dieser Appell der christlichen Würdenträger in Aleppo nicht fordert, jetzt doch bitte schnell die Blockade zu verschärfen und die syrische Regierung so schnell wie möglich zu beseitigen. Im Gegenteil ist die vierte der fünf Forderungen absolut klar und unmissverständlich: „*Die unmoralischen Wirtschaftssanktionen sind aufzuheben*". Auffällig ist auch, dass der Appell der Bischöfe eine sehr spärliche Verbreitung fand. Wir haben dieses wichtige humanitäre Dokument nicht in einem europäischen Mainstream-Medium gefunden, sondern in linken Nischenprodukten. Die Kirchen hier, die von uns auf diesen Aufruf der kirchlichen Würdenträger in Aleppo angesprochen wurden, reagierten erstaunt: Sie hatten, in Zeiten des Internet und einer weltumspannenden Medienpräsenz, angeblich nichts davon gehört. Diejenigen, welche die fünf Forderungen kennen, halten sie unter Verschluss. Auch Papst Franziskus, allgemein als „*fortschrittlicher*" und „*liberaler*" Papst apostrophiert, ließ sich bisher nicht dazu herab, die Blockade zu verurteilen. Bisher waren lediglich unverbindliche und stereotype Friedensappelle aus dem Vatikan zu hören.
Ebenso wenig wie die Kirchen können Hilfswerke und andere „*humanitäre*" NGO's aus ihrer Verantwortung entlassen werden. Verantwortung tragen sowohl die westlichen Kirchen als auch die Hilfswerke und die NGO's. Wobei es keine Rolle spielt, ob wir nun von der reformierten Kirche, der katholischen Kirche, von irgendeiner kleineren oder größeren Sekte oder von großen oder kleinen Wohltätigkeitsorganisationen sprechen. Sie alle haben eines gemeinsam: Sie machen schöne Worte und generieren Mitglieder und Spenden- bzw. Steuergelder durch diese schönen Worte, die alle in den allermeisten Fällen unnötig wären,

[52] https://linkezeitung.de/2016/10/12/erzbischof-joseph-tobji-von-aleppo-die-5-dinge-die-der-westen-sofort-tun-muesste-um-den-krieg-in-syrien-zu-beenden/ (Zugriff März 2020)

wenn das System in dem wir alle leben, nicht derart kriminell wäre: Krieg und Blockaden sind so gut wie überall die Ursache, wenn Kirchen, Hilfswerke und die entsprechenden NGO's ihre Hilfe anbieten. Die Naturkatastrophen, bei denen diese Institutionen ihre Dienste ebenfalls bereitstellen, kommen natürlich noch dazu. Allerdings ist zu sagen, dass viele dieser sogenannten Naturkatastrophen ebenfalls vom Menschen verursacht werden, vom Menschen, der dieselbe Ideologie vertritt wie der Mensch, der Kriege führt und Blockaden verhängt. Die Kirchen, die Hilfswerke und die NGO's sollen an ihrem Anspruch und an dem, was sie nach außen vertreten, gemessen werden: Nächstenliebe, Solidarität, Humanität sind hier die Stichworte. Dies sind dic Fcldcr, welche von den Kirchen, gemeinsam mit den Hilfswerken und den NGO's bearbeitetet werden. Meist sind diese Institutionen ebenfalls alle hierarchisch aufgebaut. Den einfachen Mitgliedern bleibt es also in aller Regel auch hier überlassen, von unten nach oben Druck aufzubauen. Bleibt dies aus, geschieht genau das, wovon wir gegenwärtig Zeugen sind: Kirchen, Hilfswerke und NGO's feiern sich selber, sie versuchen sich gegenseitig die Spendenflüsse abzugraben und tunlichst unterlassen sie jede Kritik an der Politik der *„westlichen Wertegemeinschaft"*, auch wenn diese noch so offenkundig verbrecherisch ist. So ist es auch offenkundig, dass die Blockaden gegen Kuba, gegen Venezuela, gegen Syrien und gegen andere Länder Verbrechen sind. Die Blockade gegen Kuba wird, wie oben erwähnt, von der UNO immer wieder verurteilt. Dasselbe gilt für andere Länder unter Blockade. In Syrien wenden sich, wie wir oben gesehen haben, gar die obersten Mitglieder vom selben *„Klub"*, nämlich die kirchlichen Würdenträger Syriens, an die Weltöffentlichkeit. Das Bestreben ihrer Glaubensbrüder im Westen scheint es aber zu sein, diese Aufrufe mit *„den 5 Dinge, die der Westen sofort tun müsste, um den Krieg in Syrien zu beenden"* so konsequent wie möglich totzuschweigen. Dabei braucht Syrien nur ein sofortiges Ende der Blockade, helfen kann sich das syrische Volk selber!

## Sind Sanktionen, Embargos, Blockaden immer zu verurteilen?

So wie sich die Weltlage heute präsentiert, mit einem imperialistischen Block, bestehend aus den USA, den EU und NATO-Staaten, sowie deren willigen und unwilligen Vasallen, muss diese Frage mit Ja beantwortet werden. Indes kennen wir aus der jüngeren Geschichte und aus der Gegenwart Beispiele von Blokkadeaufrufen gegen reaktionäre rassistische Regime. Allerdings sprechen wir in diesen Fällen nicht von Sanktionen, Embargos und Blockaden, sondern von *Boykott*.
Die sicher bekannteste und auch erfolgreichste Boykottbewegung war diejenige gegen das damalige Apartheidregime in Südafrika. Ein anderes, nicht weniger bekanntes Beispiel in unseren Tagen ist die Bewegung *„Boycott, Divestment and Sanctions“* (BDS) gegen das zionistische Apartheidregime im besetzten Palästina. Diese beiden Bewegungen weisen sowohl Gemeinsamkeiten als auch Unterschiede auf:
Beide Boykottbewegungen, sowohl gegen Südafrika als auch gegen den zionistischen Staat Israel, kommen von unten. Die Boykottbewegung gegen die Apartheid wurde vom Widerstand der farbigen südafrikanischen Mehrheit unterstützt. Die BDS wird von allen palästinensischen Organisationen unterstützt. Einen Berührungspunkt finden wir gleich bei der Gründung der BDS: Diese wurde auf der UN-Konferenz gegen Rassismus im Jahr 2001 im südafrikanischen Durban ins Leben gerufen. Gleichzeitig auch die Angst der Herrschenden vor den Boykottbewegungen von unten und daraus folgend deren Diffamierungen in der breiten Öffentlichkeit.

Die Unterschiede orten wir weder in der Strategie noch in der Taktik der beiden Bewegungen, sondern in der Art und Weise, wie sie von den GegnerInnen bekämpft wurden, bzw. im Fall von BDS noch immer werden. So wurde der Anti-Apartheid-Bewegung von deren GegnerInnen immer wieder vorgeworfen, ein Boykott gegen Südafrika schade zuallererst der dortigen farbigen Bevölkerung. Die Unterstützung des ANC[53] und anderer,

---

[53] ANC: Der African National Congress (Afrikanischer Nationalkongress), wurde 1912 in Südafrika gegründet. Von 1960 bis 1990 waren dessen Aktivitäten in Südafrika unter dem rassistischen Apartheidregime per Gesetz als „unrechtmäßig“ eingestuft und damit illegal.

zum Teil auch militanter Organisationen gegen die Apartheid strafte diese Behauptung jedoch Lügen. Indes wäre es vermessen, behaupten zu wollen, der Boykott gegen das Regime in Südafrika habe die Apartheid beendet. Die Apartheid wurde durch den entschlossenen, militanten und revolutionären Widerstand der schwarzen Bevölkerung Südafrikas gekippt. Die Boykottbewegung, welche in der ganzen Welt gegen das Apartheidregime aktiv war, wirkte unterstützend und bewirkte vor allem eine Erweiterung des politischen Bewusstseins in den traditionell rassistischen Gesellschaften Europas und der USA. Schließlich musste das Apartheidregime weichen. Im Jahr 1990, nach einem langen Zeitraum des Widerstands mit Streiks, Protestmärschen, internationalen Aktivitäten, Sabotage und auch militanten Widerstandsaktionen verschiedener Anti-Apartheid-Bewegungen warf das Regime das Handtuch. Um zu retten, was noch zu retten war, wurde der seit 27 Jahren eingekerkerte Nelson Mandela aus seiner Zelle auf Robben Island befreit. Mandela war ein Glücksfall für die weißen Machthaber. Unter dem „1. schwarzen Präsidenten Südafrikas" vollzog sich die Transformation von einer rassistischen Apartheid-Republik hin zu einer bürgerlich-konservativen Gesellschaft weitgehend friedlich.

So oder so ähnlich könnte es eigentlich auch in den besetzten Gebieten Palästinas ablaufen, wäre da nicht der Wahn Israels, sich vor den Augen der Weltöffentlichkeit ungestraft alles erlauben zu dürfen. Menschen werden ausgegrenzt, vertrieben, gefoltert und ermordet. Israels Waffenindustrie testet ihre neuen Errungenschaften an den Palästinensern, hauptsächlich an den Menschen des Gazastreifens. Über die Resultate werden die Armeen der NATO und der USA informiert und so zu Kunden der zionistischen Waffenhersteller und Händler. Obwohl also Israel klar ein Apartheid-Staat mit allen Merkmalen eines Apartheid-Staates ist, genügt in der Regel in den Gesellschaften Europas ein Hinweis auf den Holocaust, verbunden mit dem Stichwort „Antisemitismus", um jegliche Kritik am zionistischen Staat und an dessen mörderischer Politik im Keim zu ersticken. So mangelt es denn auch nicht an Stimmen, welche versuchen, die BDS als „antisemitisch" zu diffamieren. Angesichts der Tatsache, dass

---

Gleichwohl hatte der ANC, sowohl in Südafrika als auch aus dem Exil heraus, großen Einfluss auf den Kampf gegen die Apartheid. Seit 1994 stellt der ANC die Regierung.

sich die BDS zu einer eigentlichen Sammelbewegung humanitär denkender Menschen jeglicher Provenienz entwickelt hat, entbehrt dieser Vorwurf nicht einer gewissen Ironie. In der BDS finden sich Linke, Konservative, Christen, Juden, Muslime, mit einem Wort: Das gesamte Spektrum der heutigen Gesellschaft. Was sie verbindet, ist die humanistische Idee, welche hinter BDS steht. Sie als „antisemitisch" zu bezeichnen, zeugt lediglich von der Armseligkeit der Gegner der BDS. Mangels Argumenten greifen sie zur Antisemitismus-Keule.
Die Vielfalt innerhalb der Bewegung teilt die BDS übrigens mit der damaligen Anti-Apartheid-Bewegung. Über alle politischen Gräben und Differenzen hinweg war man sich in einem Punkt einig: Die Apartheid muss weg! Insofern haben diese und andere Bewegungen, neben dem konkreten politischen Nutzen, noch den angenehmen Nebeneffekt, integrierend auf die oftmals wegen Nichtigkeiten zerstrittenen fortschrittlichen Parteien und Bewegungen Europas zu wirken.
Um zu unserer Frage zurückzukommen: Bei Boykott und bei ähnlichen Maßnahmen fragen wir uns als erstes: Wer ruft nach solchen Maßnahmen und gegen wen sind sie gerichtet? Bezogen auf BDS lässt sich diese Frage sehr leicht beantworten: Das palästinensische Volk ruft nach weltweiten Boykotten, Desinvestitionen und Sanktionen gegen das zionistische Besatzungsregime. Wobei die Grenzen klar aufgezeichnet sind: Keinerlei Geschäfte mit Israel, solange die Besatzung nicht beendet und die Rechte des palästinensischen Volkes nicht gewährleistet und respektiert werden. Wörtlich: „*Boykott, Desinvestition und Sanktionen gegen Israel, bis dieses internationalem Recht nachkommt und die universellen Menschenrechte einhält.*"[54]
Israel und die zionistischen Komplizen Israels in Europa tun alles in ihrer Macht stehende, um die weltweite BDS-Kampagne zu diffamieren. Immer noch am populärsten ist der Antisemitismus-Vorwurf gegen die BDS-AktivistInnen. Auch wenn bereits verschiedene Gerichte, verteilt über ganz Europa, immer wieder feststellen, die BDS Bewegung, ihre Ziele und Methoden seien nicht antisemitisch, wird dieser Vorwurf gleichwohl gebetsmühlenartig wiederholt. Veranstaltungen der BDS-Bewegung sollen

---

[54] https://www.bds-info.ch/index.php/de/bds-schweiz (Zugriff März 2020) und http://bds-kampagne.de/ (Zugriff März 2020) und https://bdsmovement.net/what-is-bds (Zugriff März 2020)

so verunmöglicht werden, die ExponentInnen der Bewegung sollen sozial, politisch und gesellschaftlich unmöglich gemacht werden – bis hin zur Zerstörung von Karrieren und Existenzen. Israel, bzw. die zionistische Lobby Israels lässt tatsächlich nichts aus, wenn es darum geht, die BDS-Bewegung in den Schmutz zu ziehen. So betreibt zum Beispiel in der Schweiz eine *„Audiatur-Stiftung“* eine Webseite unter dem irreführenden Eintrag https://www.bdsinfo.ch/. Wer nun annimmt, auf dieser Webseite werde über die BDS informiert, sieht sich getäuscht. Neben Diffamierungen der UnterstützerInnen von BDS wird die Bewegung als solche in die Nähe des „Terrorismus“ gerückt. Die übliche zionistische Vorgehensweise also. Über die Verbrechen der israelischen Armee, der zionistischen Siedler und der israelischen Regierung (Staatsterrorismus) wird großzügig hinweggegangen. Landraub, Vertreibung, tägliche Schikanen und gezielte Ermordungen bleiben ebenso unerwähnt wie die mit unschöner Regelmäßigkeit wiederkehrenden militärischen Aggressionen der israelischen Armee gegen die palästinensische Zivilbevölkerung. Selbstverständlich ist eine Webseite, die sich *„bdsinfo“* nennt und die gegen BDS hetzt, reine Camouflage. So steckt denn auch, gemäß Impressum, eine Organisation namens *„Audiatur-Stiftung“* hinter dem zionistischen Machwerk. Diese Audiatur-Stiftung wiederum wird getragen von bekannten Schweizer Israel-Lobbyisten. Dass es im Internetauftritt der Audiatur-Stiftung heißt: *„Die Audiatur-Stiftung versteht sich in der öffentlichen Debatte um Israel und den Nahostkonflikt als konstruktive Stimme im Sinne des römischen Rechtsgrundsatzes ,'audiatur et altera pars' – man höre auch die andere Seite. Sie konzentriert sich dabei auf die Schweiz und will im Interesse des Dialogs zu einer ausgewogenen Berichterstattung beitragen, indem sie zuverlässig recherchierte Informationen zur Verfügung stellt und fundiertes Wissen vermittelt“*, kann wohl nur noch als Ironie verstanden werden.[55]

Wie kommt es, dass Israel und seine zionistischen Lobbyisten überall in der Welt die BDS-Bewegung dermaßen verbissen bekämpfen? Bestimmt sind der Grund nicht ein paar Orangen, andere Früchte, oder andere Produkte aus den besetzten Gebieten, die nun dank BDS in den Regalen liegen bleiben. Der wirtschaftliche Schaden für Israel dürfte sich in Grenzen halten. Die Feindseligkeit, die Verleumdung und der Versuch, BDS weltweit zu

[55] https://www.audiatur-stiftung.ch/ (Zugriff März 2020)

ächten und gar verbieten zu lassen, dürfte anderswo liegen: BDS klärt auf, BDS informiert und BDS handelt in Zusammenarbeit mit den Menschen in den besetzten Gebieten. Darüber hinaus ist BDS eine friedliche Bewegung, die, entgegen der zahllosen Verleumdungen, nichts mit „Terror" zu tun hat. Genau dort liegt für das Besatzungsregime in Palästina auch die große Gefahr. Nichts fürchten sie mehr als die Wahrheit. Und die Wahrheit ist nun mal, fern von jeder Ideologie und Propaganda, dass jede israelische Regierung, beginnend mit dem ersten Präsidenten Ben Gurion bis hin zum aktuellen Regime, jeden Friedensprozess torpediert und hintertreibt. Das palästinensische Volk wird unter eine mörderische Blockade gesetzt, täglich werden mehr illegale Siedlungen erbaut, UNO-Resolutionen werden missachtet und dergleichen Verbrechen mehr begangen. BDS benennt diese Verbrechen, BDS schafft Öffentlichkeit. Genau deswegen wird die Bewegung angegriffen. Wäre dem nicht so, welchen Grund hätte denn die Israel-Lobby, BDS dermaßen verbissen zu bekämpfen und anzugreifen? Wäre es ihnen tatsächlich ernst mit ihren wohlfeilen Phrasen von *„Dialog und ausgewogener Berichterstattung*", könnten sie ja in Dialog treten und mit Argumenten statt mit Verleumdungen und unhaltbaren Beschuldigungen („Antisemitismus, Terrorismus" usw.) aufwarten. Dass sie das nicht tun und stattdessen versuchen, die BDS Bewegung zu diskreditieren und ihr wo immer möglich Steine in den Weg zu legen, zeigt deutlich, wo diese Leute stehen: Auf der Seite der Besatzer, auf der Seite des Zionismus.

Generell können wir also konstatieren, dass eine Boykottbewegung integer ist, wenn sie tatsächlich von unten, aus dem Volk kommt und sich nicht korrumpieren lässt. Dies war bei der Anti-Apartheid-Bewegung in Südafrika der Fall, sie wurde vom Bürgertum und vom Kapital bekämpft und erst dann akzeptiert, als die Befreiungsbewegung in Südafrika, hauptsächlich unter Führung des ANC, Fakten geschaffen hatte, die nicht mehr ignoriert werden konnten.

Dies ist auch bei BDS der Fall: Bei objektiver Betrachtung muss den AktivistInnen von BDS weltweit Mut, politische und ideologische Klarheit und humanitäres Bewusstsein attestiert werden.

# Die Verantwortung des/der Einzelnen

Selbstverständlich tragen wir als Individuen ebenfalls Verantwortung für die Geschehnisse der Zeit und der Gesellschaft, in der wir leben. Wir werden an dieser Stelle keine *Kollektivschuld*-Debatte führen, indes muss auch klar sein, dass unsere Gesellschaften als solche für die Verbrechen, welche in ihrem Namen begangen werden, verantwortlich sind, dass es also auch diesen Gesellschaften obliegt, diese Verbrechen zu beenden.

Täglich, stündlich werden wir alle ZeugInnen von Verbrechen, gegen die wir nichts unternehmen. Sei es, dass wir den Mördern in den Arm fallen, sei es, dass wir laut unsere Stimmen erheben oder sei es, dass wir unseren Protest artikulieren, die Mehrheit von uns schweigt – und macht sich damit mitschuldig. Dies ist kein Appell an die individuelle Moral oder an den „guten Menschen“ in jedem von uns. Wir konstatieren schlicht eine Tatsache: All die Kriege, all das Morden und auch all die mörderischen Blockaden, mit denen wir konfrontiert sind, wären nicht möglich, wenn wir alle es nicht zulassen würden. Kriege und Blockaden werden von unseren Herrschenden in unserem Namen – schlimmer noch – im Namen der Demokratie und der Menschenrechte gegen unschuldige Völker losgetreten. Wenn wir dazu schweigen, dann machen wir uns, jenseits von allen sophistischen Auseinandersetzungen zur Individuell- und Kollektivschuld schuldig. Unsere Verantwortung können wir weder delegieren, noch können wir sie wegdiskutieren.

Wie also gehen wir damit um?

Die Möglichkeiten die wir haben, sind vielfältig und wohl die meisten von uns werden diese Methode wählen:

Damit unterstützen wir nicht indirekt sondern direkt Ausbeutung, Raub, Krieg und Blockaden. Damit gehen wir denselben Weg wie die Justiz, die Presse und die Politik der westlichen Gesellschaften.

Imperialismus und Kapitalismus sind Gewaltverhältnisse, Ausbeuterverhältnisse. Solange wir zulassen, dass uns dieses System beherrscht, werden wir keine substanziellen Verbesserungen der Verhältnisse herbeiführen können. Unser Widerstand gegen *jede* Ungerechtigkeit muss also ein Widerstand gegen das System der Ungerechtigkeit sein. Auch dies jedoch ist eine Frage der Information. So gut wie alle Informationen, die wir für unser Handeln benötigen, sind frei zugänglich. Die Bibliotheken sind offen für alle. Das Internet liefert uns mehr Informationen, als wir verarbeiten können. Wir müssen selektiv vorgehen. Viele von uns haben die Möglichkeit zu reisen und sich in Syrien, in Kuba, in Nordkorea und in anderen Ländern selbst davon zu überzeugen, wie die Menschen, deren Regierungen in unserer Presse diffamiert werden, leben. Voraussetzung für all das ist indes ein offener Geist, die Bereitschaft, auch unbequeme Wahrheiten zu akzeptieren und dann nach den gewonnenen Erkenntnissen entsprechend zu handeln. Ein offener hermeneutischer Zirkel ist die Voraussetzung für jeden diesbezüglichen Fortschritt. Unter einem hermeneutischen Zirkel versteht man grundlegend, dass das Ganze aus dem Einzelnen und das Einzelne aus dem Ganzen heraus verstanden werden muss. Somit enthält der hermeneutische Zirkel ein Paradox: das, was verstanden werden soll, muss schon vorher irgendwie verstanden worden sein; Bei einem geschlossenen hermeneutischen Zirkel kann jedoch weder das Einzelne noch das Ganze durch neue Erkenntnisse ergänzt werden, bei einem offenen hermeneutischen Zirkel hingegen sind neue Erkenntnisse möglich.[56]

Dies zu leisten ist für jeden und für jede von uns möglich. Die Steine, die uns in den Weg gelegt werden, wenn wir uns auf den Weg machen, hin zu einer gerechten und sozialistischen Welt ohne Ausbeutung, Kriege und Blockaden, legen wir uns zu einem guten Teil selber in den Weg. Wir können sie auch selber zur Seite schieben.

Wie also können wir unsere Verantwortung als Individuen wahrnehmen?

Die Möglichkeiten, die wir haben, sind vielfältig und es sollen – um ein Zitat von Karl Marx leicht abzuwandeln – *„alle nach ihren Fähigkeiten handeln*".[57] Wir können von drei Schritten ausgehen, die wir als Individuen gehen müssen, wenn wir uns gegen die Ungerechtigkeit, seien es Blockaden, Kriege oder andere imperialistische Verbrechen, zur Wehr setzen wollen:

Wir informieren uns, wir schulen uns, wir bilden uns weiter.

Wir geben unsere gewonnenen Erkenntnisse an andere weiter.

Wir organisieren uns.

Die Wahrnehmung unserer Verantwortung wird sich rasch auf unser Leben auswirken. Es wäre illusorisch, anzunehmen, dass wir die Politik der Herrschenden sofort werden beeinflussen können, wenn wir uns informieren, wenn wir unsere Erkenntnisse weiter geben und wenn wir uns organisieren. Schon sehr bald werden wir jedoch, wenn wir uns tatsächlich gemäss unseren Fähigkeiten bemühen, feststellen, dass sich unser persönliches Leben ändert. Wir werden ausgeglichener sein, wir werden neue FreundInnen gewinnen und wir werden mehr lernen. Falls wir es wagen, in die von Blockaden angegriffenen Länder zu reisen, werden wir mit einer Fülle von neuen Informationen und Erkenntnissen zurückkommen und wir werden auch dort FreundInnen und GenossInnen finden. Auch hier ist die Voraussetzung, dass wir mit einem offenen Geist und einem offenen hermeneutischen Zirkel unterwegs sind.

[56] Nach Karam Khella in „Die Universalistische Erkenntnis- und Geschichtstheorie", TuP Verlag, Hamburg, 2008

[57] Marx sagte: *„Jeder nach seinen Fähigkeiten, jedem nach seinen Bedürfnissen.*"

Selbstverständlich haben wir neben unzähligen anderen Möglichkeiten auch die, so weiter zu machen wie bisher. Nichts und niemand hindert uns daran, weiterhin den Mund, die Augen und die Ohren vor dem Unrecht zu verschließen. Niemand macht uns persönlich einen Vorwurf, wenn weiterhin Kinder im Irak oder in sonst einem unter Blockade stehenden Land sterben, weil ihnen durch die Blockaden sauberes Trinkwasser vorenthalten wird. Niemand dreht uns einen Strick daraus, wenn wir dazu schweigen, wenn ganze Völker in Armut gestürzt werden, weil sie sich weigern, sich dem Diktat des Imperialismus zu unterwerfen. Wir können immer sagen, all das ginge uns nichts an. Aber wir können nie wieder sagen, wir hätten davon nichts gewusst.

Selbst wenn wir beide Augen verschließen und uns die Ohren verstopfen: Wir erahnen dennoch das Unrecht und die Ungerechtigkeit, von denen die völkerrechtswidrigen Blockaden nur eine Facette sind. Schreien wir es hinaus!

## Widerstand? Widerstand!

Wie weiter oben bereits mehrfach dargelegt, sind Sanktionen, Embargos und Blockaden in den allermeisten Fällen illegal. Sie widersprechen sowohl den diversen UN-Resolutionen, sie widersprechen internationalem Völkerrecht und oftmals widersprechen sie auch den Gesetzen der Staaten, welche diese Maßnahmen vollziehen. Jedoch auch in den paar wenigen Fällen, die „legal" gerechtfertigt werden (z.B. Irak, Nordkorea), muss ein großes Fragezeichen gesetzt werden. Vor allem die USA und deren transatlantische Partner beeinflussen im UN-Sicherheitsrat die Mitglieder, um im Sinne der imperialistischen Hegemonialbestrebungen abzustimmen und so die Völker mit Blockaden zu belegen.

So wie die herrschende Meinung die Meinung der Herrschenden ist, ist auch das herrschende Recht das Recht der Herrschenden bzw. das Recht des Stärkeren.

Wem das zu starker Tobak ist, führe sich vor Augen, dass weder die USA noch die NATO noch Israel für ihre zahllosen Kriegsverbrechen jemals zur Verantwortung gezogen wurden. Einige gewiss allgemein bekannte Beispiele mögen das verdeutlichen:

Die Angriffskriege gegen den Irak 1991 und 2003 waren ebenso Kriegsverbrechen wie die anhaltende Blockade gegen das irakische Volk. Dabei spielt es keine Rolle, ob der Angriff von 1991 vom UN Sicherheitsrat abgenickt wurde. Weiter oben, im Kapitel Irak, haben wir diese Mechanismen diskutiert.

Die Angriffe der NATO gegen die Bundesrepublik Jugoslawien, welche schließlich zur Zerschlagung Jugoslawiens führten, waren klar illegal. Sie fußten auf Lügen und katapultierten Deutschland – als durchaus beabsichtigten Nebeneffekt – zurück ins Lager der offen kriegführenden Mächte.

Sei es Israel als illegale Atommacht, sei es der zionistische Landraub (beschönigend „Siedlungspolitik") genannt, seien es die immer wieder eskalierenden Angriffe gegen das palästinensische Volk: Israel kümmert sich weder um Menschen- noch um Völkerrecht, und noch nie seit der Gründung des Zionistenstaates gab es deswegen irgendwelche offiziellen Sanktionen gegen Israel.[58]

---

[58] Initiativen, seien es staatliche Initiativen, z.B. seitens von Ländern wie Syrien oder Kuba, oder Initiativen von Organisationen wie die erwähnte BDS, sind keine offiziellen Sanktionen; sie werden immer wieder diffamiert.

Dies sind nur drei Beispiele, unzählige weitere könnten angeführt werden. Die Justiz, das Völkerrecht, die Menschenrechte, die Institutionen der UNO stehen hilflos neben den Verbrechen. Im besten Fall werden sie von den UN-Berichterstattern als Verbrechen benannt, im schlimmsten Fall werden sie totgeschwiegen und es obliegt den betroffenen Völkern und den mit ihnen solidarischen Menschen, ihre Stimmen gegen das Unrecht zu erheben. Der Imperialismus, namentlich die USA, die NATO Staaten, Israel und ihre Komplizen negieren konsequent jedes Völkerrecht und treten es mit Füssen. Wir müssen uns davor hüten, aus dieser Tatsache den Rückschluss zu ziehen, es herrsche auf dem internationalen Parkett ein rechtloser Zustand. Das mag so scheinen, tatsächlich existiert jedoch geschriebenes Menschen- und Völkerrecht. Allein die Tatsache, dass Staaten, die tatsächlich global eine Minderheit sind, sich nicht daran halten, zeugt noch nicht von einem rechtlosen oder rechtsfreien Zustand. Der Imperialismus setzt seine Macht mit seinen Waffen und seinen Armeen durch. Der Imperialismus ist ein Gewaltverhältnis.[59]

Die Völker dieser Welt sind sich dieser Tatsache bewusst und handeln oftmals dementsprechend, wie viele zukunftsweisende Alternativen zeigen: als Beispiel genannt seien aus der Vergangenheit die Bewegung der Blockfreien oder aus der Gegenwart die Bemühungen der BRICS-Gemeinschaft. Der Widerstand gegen die destruktiven Kräfte des Imperialismus lässt sich nicht aufhalten.[60] Selbst nach der „Wahl" des bekennenden Faschisten Bolsonaro in Brasilien wandten sich die Präsidenten der BRICS-Staaten in einer Verlautbarung gegen den US-amerikanischen (wirtschaftlichen) Protektionismus: „*Brasilien, Russland, Indien, China und Südafrika gehen auf Distanz zu den USA, ohne die Regierung Trumps jedoch direkt zu erwähnen. Sie bekennen sich zum Multilateralismus und freien Handel. Und grenzen sich auch bei einem weiteren wichtigen Thema von den USA ab.*"[61]

---

[59] Siehe: „Zur Anatomie des Imperialismus" M. Heizmann, TuP Verlag Hamburg, 2019

[60] Die BRICS-Staaten sind eine Vereinigung aufstrebender Volkswirtschaften. Die Abkürzung „BRICS" steht für die Anfangsbuchstaben der fünf zugehörigen Staaten:
Brasilien, Russland, Indien, China und Südafrika.

[61] https://www.welt.de/newsticker/dpa_nt/infoline_nt/brennpunkte_nt/article203522264/Brics-Gruppe-kritisiert-Protektionismus.html (Zugriff März 2020)

Dies zeigt uns, dass es auf staatlicher Ebene breiten Widerstand gegen die imperialistischen Machenschaften gibt. Dass dieser Widerstand nicht sehr viel stärker ist und nicht schon zum Sturz des Imperialismus geführt hat, ist der notorischen Aggressionsbereitschaft der USA, der NATO- Staaten, Israels und deren Vasallen geschuldet. Tatsächlich genügt bereits das Bekenntnis zur staatlichen Souveränität, um ein Land ins Fadenkreuz des Pentagons zu rücken. Nicaragua, Syrien, Irak, Iran, Bolivien, Kuba sind dafür Beispiele für viele.
Staaten oder Staatengemeinschaften sind – wir haben es bereits erwähnt – aus naheliegenden Gründen am effektivsten, wenn es gilt, Widerstand gegen die unrechtmäßigen Blockaden des Imperiums zu leisten. Nichtstaatlichen Organisationen oder Individuen fehlen schlicht die politischen, diplomatischen und wirtschaftlichen Möglichkeiten, die Staaten zur Verfügung stehen; wenngleich auch solidarischen Staaten nicht alle Möglichkeiten offenstehen, da sie oft genug selber Angriffsziel der transatlantischen Imperialisten sind, sei es durch direkte militärische Angriffe oder ebenfalls durch wirtschaftliche Blockaden, die andere Art des Krieges.
Die Organisationen und die Individuen in den Kernländern des Imperialismus können, realistisch betrachtet, nicht wesentlich zur Linderung einer Blockade beitragen. Abgesehen von einzelnen Hilfslieferungen und/ oder Geldspenden an die von der Blockade betroffene Bevölkerung kann nicht viel an der Blockade vorbei gemacht werden. Diese Aktionen jedoch können in der herrschenden Situation nicht mehr sein als der buchstäbliche Tropfen auf den heißen Stein. Damit wollen wir keinesfalls sagen, diese Solidaritätsaktionen sollen eingeschränkt oder gar eingestellt werden. Solche und andere Aktionen ergeben indes nur Sinn, wenn sie mit einer möglichst breiten Informationskampagne einhergehen. Der Krieg, sei es der militärische Krieg oder sei es der Krieg mittels der Blockade, richtet sich gegen die anvisierten Völker. Allerdings geht dieser Krieg immer mit einem massiven Medienkrieg einher. Dieser Medienkrieg richtet sich an die Bevölkerung in den imperialistischen Kernländern, an uns alle also. Genau hier lokalisieren wir die Möglichkeiten, welche die Einzelne/ der Einzelne hat, um gegen die scheinbar unendlich große Übermacht der imperialistischen Verbrechen anzugehen.

Wir können klein anfangen. Wir diskutieren im Bekannten- und Freundeskreis und wir widersprechen – wenn es um Krieg, Sanktionen, Embargos und Blockaden geht – dem herrschen Narrativ. Wir gehen einen Schritt weiter und melden uns in Leserbriefen, Internetforen und Blogs zu Wort. Wir werden neben den zu erwartenden Anfeindungen und Diffamierungen feststellen, dass es eine kleinere oder größere Anzahl Menschen gibt, die unsere Skepsis und unsere Prioritäten teilen und vieles gleich oder ähnlich sehen. Mit ihnen sollen wir in Kontakt und in einen fruchtbaren Dialog treten. Als nächsten Schritt können wir mit gemeinsamen Widerstandsaktionen gegen die Blockaden an die Öffentlichkeit treten. Reisen in die von Blockaden betroffenen Länder sind, unter der bereits erwähnten Voraussetzung der geistigen Offenheit, eine Möglichkeit. Unter bestimmten Bedingungen sind Hilfslieferungen mit medizinischen Gütern, Schulmaterial oder Geldspenden auch eine Möglichkeit, die Öffentlichkeit zu informieren. Mit gewählten PolitikerInnen in Kontakt zu treten und sie auf die Unvereinbarkeit ihres Amtes mit den kriminellen Blockaden aufmerksam zu machen, ist eine weitere Möglichkeit, auf die wir weiter unten noch zurückkommen werden. Gleiches gilt für kirchliche Würdenträger. Wann immer falsch über ein von Blockaden betroffenes Land berichtet wird, haben wir die Möglichkeit, dies mit E-Mails oder Briefen an die entsprechenden Stellen zu kritisieren und eine Richtigstellung zu verlangen. Selbst wenn diese Richtigstellungen nicht veröffentlicht werden, so wurde doch eine andere Stimme in die Redaktionen getragen und je öfter und je mehr und je öfter das geschieht, umso größer die Chance, dass sich die Berichterstattung ändert.
Das Instrumentarium, mit dem wir alle Widerstand gegen Krieg, Blockaden und Imperialismus leisten, ist nach oben offen. Ebenso wie den von Blockaden betroffenen Völkern sind auch unserer Kreativität keine Grenzen gesetzt.

## Gegenmaßnahmen

Die von Blockaden betroffenen Länder entwickeln im Laufe der Zeit Widerstandsstrategien gegen die Blockaden, die zum Teil organisiert, zum Teil spontan sind. So unterschiedlich diese Strategien auch von Land zu Land sein mögen, eines ist ihnen allen gemeinsam: Der unbedingte Wille zur Souveränität, die Weigerung, sich zu unterwerfen und die Kreativität, mit welcher der imperialistischen Aggression entgegengetreten wird. Einige Beispiele seien erwähnt:

Kuba: Wer heute durch die Straßen Havannas oder sonst einer kubanischen Stadt flaniert, hat nicht den Eindruck, sich in einem geknechteten Land, in einer Diktatur oder in einem von einer Blockade betroffenen Land aufzuhalten. Die Lebensfreude des kubanischen Volkes ist sprichwörtlich und neben der Lage der Insel in der Karibik und den Naturschönheiten ein wesentlicher Faktor, weshalb die TouristInnen – Blockade hin oder her – Kuba besuchen. Ein rein touristischer Besuch, jenseits von allen politischen Interessen, ist kaum möglich. Möglich ist jedoch, die Augen vor den Folgen der Blockade zu verschließen und einen schönen Urlaub zu genießen. Bestimmt wäre es falsch zu sagen, dass sich die kubanische Regierung und das kubanische Volk mit der Blockade arrangiert haben. Andererseits haben sie sich von der Blockade auch nicht unterkriegen lassen. Sie begegnen dieser kriminellen Art der modernen Kriegsführung mit jeder erdenklichen Kreativität. Die malerischen alten US-Limousinen sind ein Resultat der Blockade. Autos werden repariert, bis wirklich jede Reparatur sinnlos ist. Taxis in jeder kubanischen Stadt sind zumeist Rikschas, auch Pferdekutschen und Pferdedroschken sind keine Touristenattraktion, sondern normale Transportmittel und Mittel zur Fortbewegung. Die Menschen arrangieren sich und trotz des Mangels in allen möglichen Bereichen hat man noch nie davon gehört, dass auf Kuba jemand Hunger leidet. Die medizinische Versorgung der kubanischen Bevölkerung zählt zu den besten, nicht nur in der Region, sondern weltweit. Desgleichen das Schulsystem. Selbstverständlich spielt die Süd-Süd Kooperation im Fall von Kuba, ebenso wie in jedem anderen von einer Blockade betroffenen Land, eine große Rolle. Die lange, sozialistische und revolutionäre Geschichte Kubas mit Integrationsfiguren wie Che Guevara, Fidel Castro und Camilo Cienfuegos tut ein übriges, um die Solidarität mit Kuba zu fördern, zweifellos

ein Bonus, den andere Länder nicht in diesem Ausmaß für sich verbuchen können.
Venezuela: Venezuela weist einige Ähnlichkeiten mit Kuba auf, genießt jedoch innerhalb der westlichen Linken nicht dieselbe Sympathie und Solidarität, wie dies für Kuba gilt. Nach dem Tod von Hugo Rafael Chávez Frías und dem Amtsantritt von seinem Nachfolger Nicolás Maduro Moros wurden – auch innerhalb der europäischen Linken – Debatten zur Integrität der Regierung Maduros losgetreten. Ganz im Sinn der transatlantischen Allianz wurde (und wird) eine Regierung kritisiert, deren Errungenschaften für das Volk, vor allem für die ärmeren Schichten Venezuelas nicht bestreitbar sind: So gut wie durchgehende Alphabetisierung, Versorgung des Volkes mit ausreichend Lebensmitteln, die vom Staat subventioniert oder gar umsonst abgegeben werden, Partizipation am politischen Prozess – und ebenso wie in Kuba ist die medizinische Versorgung der Bevölkerung umsonst. Dies in Zeiten einer Blockade und eines täglich drohenden Angriffs der US-Vasallen der Region – die Rede ist von US-hörigen Regierungen wie in Kolumbien oder Peru – ist es tatsächlich eine Leistung, die Respekt und Solidarität einfordert. Venezuela ist ohne jeden Zweifel ein vom Imperialismus angegriffenes Land; zur Zeit da diese Zeilen verfasst werden, ein Land, welches durch die Blockade angegriffen wird. Die Drohgebärden der transatlantischen Allianz sind indes unübersehbar.
Syrien: Syrien ist – neben Palästina – eines der am schlimmsten von der Blockade betroffenen Länder. Dies deswegen, weil Syrien nicht „nur" von einer Blockade betroffen ist, sondern seit 2011 unter einem Angriffskrieg steht, welcher in der westlichen Presse konsequent zu einem „Bürgerkrieg" umgelogen wird. Die Berichterstattung zu und über Syrien in der westlichen Welt kann tatsächlich nur noch als Medienkrieg bezeichnet werden. Hinzu kommen Sanktionen, Embargos und Blockaden gegen die syrische Bevölkerung, die mit unschöner Regelmäßigkeit verschärft werden. (Siehe dazu weiter oben im Kapitel „Syrien"). Ebenso wie im Fall Kubas und Venezuelas ist auch die Blockade gegen Syrien eine unilaterale, also eine illegale Maßnahme der USA und ihrer Komplizen gegen das syrische Volk. Wie jede andere Regierung, dessen Volk unter Blockade steht, unternimmt auch die syrische Regierung alles in ihrer Macht stehende, um die Folgen dieser Blockade zu lindern. In erster Linie geschieht dies durch die Zusammenarbeit mit anderen Staaten, die sich ihre Souveränität bewahrt haben, namentlich Russland, China, Indien,

Venezuela und andere. Innenpolitisch wird das Brot und andere Lebensmittel vom Staat subventioniert. Auf all unseren Reisen im kriegsversehrten Syrien haben wir Armut, bedingt durch Krieg und Blockade, gesehen, doch muss niemand hungern. Innersyrische Hilfswerke werden von Seiten des Staates gefördert und geschützt. Die Menschen rücken näher zusammen, die Solidarität untereinander ist enorm. Es darf indes nicht verschwiegen werden, dass bedingt durch die Blockade auch versucht wird, egoistisch zu profitieren, zum Beispiel durch Schmuggel oder durch das Hamstern und den Wiederverkauf von Lebensmitteln und anderen Gütern. Ebenso wie die Regierung ein Ministerium zur Versöhnung (Ministry of Reconciliation) geschaffen hat, existiert nun auch ein Ministerium gegen Korruption (Ministry against corruption). All dies geht einher mit den Bemühungen um Wiederaufbau in den vom Krieg zerstörten Gebieten. Oben auf der Prioritätenliste beim Wiederaufbau stehen Schulen und Krankenhäuser.

Diese drei Beispiele mögen verdeutlichen, dass sich die von Blockaden betroffenen Länder zur Wehr setzen. Wie erfolgreich dieser Widerstand ist, hängt nicht zuletzt davon ab, inwieweit die Regierungen dieser Länder internationale Beziehungen gepflegt haben, bevor sie zur Zielscheibe der imperialistischen Aggressionen wurden. Niemand ist eine Insel und gute Beziehungen zu möglichst vielen Ländern sind existenziell für jede Volkswirtschaft. Dies bedingt jedoch, dass die Souveränität eines jeden Landes gewahrt bleibt und genau das verweigern die imperialistischen Staaten anderen Völkern. Wichtigstes Instrument gegen die Blockaden ist jedoch die bereits mehrfach erwähnte Süd-Süd Kooperation der vom Imperialismus angegriffenen Staaten untereinander.

## Eine Dame namens Grace 1 (Alias Adrian Darya 1)

Am 4. Juli 2019 enterte eine Kommandoeinheit von 30 Soldaten der britischen Royal Marines in Zusammenarbeit mit Einheiten der Polizei und des Zolls aus Gibraltar den Supertanker Grace 1. vor Gibraltar. Das Schiff gehört dem Unternehmen *Grace Tankers Ltd.* mit Sitz in Singapur. Später, im August 2019, wurde die Grace 1 umbenannt und unter die Flagge des Irans gebracht.

Neuer Name des Schiffes wurde *Adrian Darya 1*. Bereedert[62] wird es von dem in Panama ansässigen Unternehmen *Ocean Mark Shipping*.
Die Besatzung wurde britischerseits verdächtigt, die mit der (illegalen) Blockade belegte syrische Raffinerie *Banias Refinery Company* mit dem mit offensichtlich iranischem Öl voll beladenem Schiff zu beliefern. Dies war, aufgrund einer Änderung der Rechtslage einen Tag davor (!) seitens Gibraltar verboten worden. Es gilt als offenes Geheimnis, dass das Entern des Schiffes – ein eigentlicher Akt der Piraterie durch die britische Royal Navy – auf Ersuchen oder gar auf Befehl der USA erfolgte. Das Schiff wurde beschlagnahmt. Der Kapitän und der erste Offizier, beide indische Staatsbürger, wurden verhaftet. Der Ministerpräsident Gibraltars, Fabian Picardo, informierte die Präsidenten der Europäischen Kommission und des Europäischen Rates über die Aktion, die nach Darstellung Gibraltars dem Schutz eines EU-Embargos diene, das Syrien seit 2011 den Export von Erdöl verbietet. Rohöllieferungen *nach* Syrien fallen hingegen nicht unter das Embargo, werden indes gleichwohl durch die unilateralen Maßnahmen, klarer ausgedrückt durch das einseitige Embargo, ausgehend von den USA, weitgehend verunmöglicht.
An Bord befanden sich 28 Besatzungsmitglieder aus Indien, Pakistan und der Ukraine. Ausgehend von den im Juli 2019 üblichen Weltmarktpreisen im Bereich von etwa 60 bis 65 US-Dollar pro Barrel OPEC-Rohöl hatte die Ladung demnach einen Wert von über 120 Millionen US-Dollar.
Am 15. August 2019 wurde bekannt, dass das Schiff wieder freigegeben werden soll, nachdem der Iran versichert hatte, dass die Ladung an Bord des Schiffes nicht für Syrien bestimmt wäre. Die USA versuchten zu intervenieren, um die Freigabe zu verhindern. Dazu wurde sogar die Beschlagnahmung des Schiffes durch ein US-amerikanisches Bundesgericht in Washington verfügt. Wenigstens dies wurde von den Behörden in Gibraltar mit Verweis auf EU-Recht abgelehnt.
Am 18. August 2019 nahm das Schiff, von einer neuen Besatzung geführt, langsame Fahrt Richtung Griechenland auf, das dem Tanker jedoch jede Unterstützung verweigerte. Am

[62] Unter Bereederung versteht man die technische und kaufmännische Betriebsführung von Seeschiffen. Der Eigentümer des Schiffes (Reeder) kann die Bereederung einem Dienstleister übertragen.

26. August meldete IRIB,[63] dass die Ladung an einen nicht genannten Käufer verkauft worden sei. Das Schiff befand sich zu der Zeit südlich von Griechenland. Gemäß dem Internetportal Tanker Trackers[64] wurde die Ladung Anfang Oktober 2019 auf kleinere Schiffe verladen und nach Syrien geliefert.
Am 4. September 2019 bestätigte das amerikanische Außenministerium, dass dem Kapitän der *Adrian Darya 1* mehrere Millionen Dollar angeboten worden waren. Im Gegenzug sollte er den Tanker in die Gewässer eines Landes steuern, in dem es festgesetzt werden könne.
Soweit die offizielle Darstellung, wie wir sie aus fast allen westlichen Medien kennen. Es kostet uns jedoch nicht allzu große Mühe, zwischen den Zeilen zu lesen: Es ist klar, dass sich die Islamische Republik Iran, welche selber unter einer vollkommen ungerechtfertigten Blockade des Westens steht, nicht an das US/ EU Diktat hält. Ebenso klar ist, dass eine Weigerung, sich an dieses Diktat zu halten und mit den Staaten und Gesellschaften Handel zu treiben, die der souveräne iranische Staat für sich wählt, vollkommen legitim ist. Wie man es auch wenden und drehen mag: Die Festsetzung der *Grace 1/ Adrian Darya 1* war ein Akt der Piraterie und hätte eigentlich geahndet werden müssen. Stattdessen wird einmal mehr das Opfer zum Täter: der Iran wird beschuldigt, ein Embargo, welches klar illegal ist, verletzt zu haben. Pikant an dieser Affäre ist, dass sich die USA, die einmal mehr als Hintermänner fungieren, nur halbherzig und indirekt in Erscheinung treten. Die Drecksarbeit überlassen sie ihrem europäischen Verbündeten Großbritannien. Und als hätten die Briten nicht schon genug Probleme mit sich selbst, erwähnt seien die wirtschaftlichen Probleme der Insel und der BREXIT, treten sie auch in dieses Fettnäpfchen.
Wie reagierte nun die iranische Republik auf das Entern der *Grace 1/ Adrian Darya 1*? Nach dem simplen Prinzip: „Wie du mir, so ich dir“:
*„Iran hat nach eigenen Angaben einen Tanker unter britischer Flagge in seine Gewalt gebracht. „Die Festsetzungen sind unakzeptabel*“, sagte Aussenminister Jeremy Hunt.

---

[63] Islamic Republic of Iran Broadcasting https://www.irib.ir/ (Farsi, Zugriff März 2020) und als YouTube Kanal: https://www.youtube.com/channel/UCuQ5F_3vH8xvEVNQ_MITv3Q (Zugriff März 2020)

[64] https://tankertrackers.com/ (Zugriff März 2020)

*Das Schiff „Stena Impero“ habe sich in der Strasse von Hormus nicht an internationale Regeln gehalten, berichten iranische Medien. Es habe das GPS ausgeschaltet sowie eine falsche Fahrrinne benutzt und damit andere Schiffe gefährdet. Das Schiff sei nun auf dem Weg zum Hafen Bandar Abbas. Außerdem soll der Tanker auch umweltschädigende Materialien an Bord haben, die derzeit von der Umweltbehörde in Bandar Abbas untersucht würden, hieß es weiter. Meldung von Schweizer Radio und Fernsehen (SRF) vom 19.7.2019.*[65]

Doch damit nicht genug. Am selben Tag lesen wir in der deutschen „Welt online“:

„*Der Iran hat am Freitag innerhalb kurzer Zeit zwei britische Tanker im Golf von Hormus aufgebracht. Zunächst wurde die unter britischer Fahne fahrende „Stena Impero“ von den Iranischen Revolutionsgarden (IRGC) gestoppt und in Richtung iranische Küste gebracht. Kurz darauf wurde auch der unter liberianischer Flagge fahrende Tanker „Mesdar“ des britischen Unternehmens Norbulk Shipping UK in Richtung Iran abgedrängt. Wie das Unternehmen in der Nacht mitteilte, sei die „Mesdar“ inzwischen aber wieder freigegeben.*“[66]

Ziehen wir in aller Kürze Bilanz: Die USA lassen, vertreten durch die britische Royal Navy, vor Gibraltar die Muskeln spielen. Ziel ist, die von ihnen verhängte und mehrfach verschärfte Blockade gegen die Syrisch Arabische Republik mit allen Mitteln durchzusetzen. Iran ist eine regionale Großmacht mit starken Verbündeten (Russland, China) im Rücken, duckt sich nicht und bietet dem scheinbar allmächtigen Imperium nicht nur die Stirn, sondern ist damit auch noch erfolgreich. Großbritannien, während des völkerrechtswidrigen Angriffskrieges unter dem Kriegsverbrecher Blair auch schon als „Pudel der USA“ apostrophiert, steht diesmal als begossener Pudel da. In der Zwischenzeit hat sich die Affäre erledigt: Die britischen Tanker sind, nachdem die *Grace 1/ Adrian Darya 1* ihre Fracht ordnungsgemäß über kleinere Tanker vor der Küste von Baniyas, Syrien, löschen konnten, wieder freigegeben worden. Der Aufschrei in der west-

---

[65] https://www.srf.ch/news/international/strasse-von-hormus-iran-beschlagnahmt-britischen-oeltanker (Zugriff März 2020)

[66] https://www.welt.de/politik/ausland/article197161013/Iran-stoppt-in-der-Strasse-von-Hormus-britische-Oeltanker.html (Zugriff März 2020)

lichen Presse konnte indes nicht ausbleiben. Allerdings muss konstatiert werden, dass zum Beispiel der Artikel der NZZ (Neue Zürcher Zeitung) vom 20.10.2019 von der Nahost-Korrespondentin Ina Rogg, die für die NZZ ausgerechnet aus Al-Quds (Jerusalem) berichtet, auch von einer wahrscheinlich ungewollten Ironie geprägt ist:
*„Iran führt die Briten an der Nase herum – Ein iranischer Supertanker hat eine umstrittene Erdölladung in Syrien gelöscht. Dabei hatte Teheran versprochen, dies nicht zu tun“.*[67]
Und damit auch alle sehen können, wie übel das ist, erscheint die NZZ als eine Zeitung, die einstmals in weiten Kreisen der deutschsprachigen Bevölkerung ernst genommen wurde, heute jedoch offenbar nur noch ein Satireblatt ist, mit einem schönen Foto, einem „handout von Reuters“, da kann fast nichts mehr schief gehen:

*Satellitenaufnahme der „Adrian Darya 1“ mit einem unidentifizierten Tanker bei Banias in Syrien (6. Oktober 2019). Bild: Maxar Technologies / Handout via Reuters*

[67] https://www.nzz.ch/international/iran-tankerladung-an-syrien-briten-an-der-nase-herumgefuehrt-ld.1516610 (Zugriff März 2020)

Diese Episode zeigt nebst ihrem nicht unwesentlichen Unterhaltungswert ernsthaft auf, dass Blockaden gebrochen werden können, dass der Imperialismus nicht unangreifbar ist und dass die Süd-Süd Solidarität der Völker nicht nur in militärischer Beziehung (Syrien/Iran/Russland), sondern eben auch gegen die illegalen Blockaden und Embargos eine wesentliche Rolle spielt. Es sind nicht die USA, es sind nicht die NATO-Staaten und es ist nicht die EU, welche dem internationalen Recht zum Durchbruch verhelfen. Es sind die angegriffenen Länder, die sich gegen die kriminellen Angriffe eben dieser imperialistischen Mächte zur Wehr setzen, erfolgreich zur Wehr setzen, muss hinzugefügt werden.

Die Solidarität mit all diesen vom Imperialismus angegriffenen Völkern, von Venezuela über Kuba, von Nordkorea über Russland und China, von Syrien über die arabische und afrikanische Welt ist für jeden fortschrittlich und humanitär denkenden und handelnden Menschen unabdingbar. Dabei darf es keine Rolle spielen, ob das vom Imperialismus angegriffene Land nun eine sozialistische Regierung im klassisch marxistischen Sinn hat oder nicht. Allein die Tatsache, dass die USA, die NATO-Staaten, Israel und deren Vasallen ein Land angreifen, muss uns genügen, um dagegen die Stimme zu erheben. Wir erinnern uns: Als die Militärjunta Argentiniens im Jahr 1982 die Malvinas (von den Briten Falklands genannt) als argentinisches Staatsgebiet annektierte, war dies zwar nicht mehr als logisch, wurde jedoch dennoch von Großbritannien mit einem militärischen Einmarsch auf „ihren" Inseln beantwortet. (Wir erinnern uns: Großbritannien hat niemals aufgehört kolonialistisch zu sein bzw. kolonialistische Politik zu machen). Damals stellte sich die europäische Linke in ihrer überwiegenden Mehrheit klar auf die Seite Argentiniens, obwohl mit Videla, Viola, Lacoste und Galtieri einander ablösende Militärjuntas in Argentinien regierten. Diese Haltung der europäischen Linken damals war, obwohl sie in der Realität scheiterte, richtig. Wie können die Malvinas, Tausende von Kilometern entfernt von London, ein Teil Großbritanniens sein? Das ist übelste koloniale (Un-)Logik.

Was in unserer Macht liegt, und sei es auch noch so wenig, um diese Angriffe – seien sie nun direkt militärisch oder durch die kriminellen Blockaden – zu stoppen, müssen wir also tun.

## Unser konkreter Widerstand

Was aber können wir als Individuen konkret tun? Im Kapitel „Widerstand? Widerstand!“ Haben wir bereits angedeutet, wie wir unseren Widerstand artikulieren können. Am wichtigsten ist jedoch unsere Vernetzung untereinander. Egal in welchem Land wir aktiv sind: Der Widerstand gegen den Krieg muss oben auf unser aller Agenda stehen und die Blockanden sind eine andere Form des Krieges! Im Folgenden werden wir aufzeigen, wie wir als kleine Organisationen oder gar als Einzelpersonen mittels Veranstaltungen, Flugblättern, Demonstrationen, Aufrufen und Briefen Öffentlichkeit schaffen können. Dabei haben wir nicht den Anspruch, das Verbrechen der Blockade von heute auf morgen zu beenden. Wir haben jedoch den Anspruch, die Mauern des Schweigens, welche von den Herrschenden um die Blockaden errichtet wurden, einzureißen. Wir beanspruchen für uns auch nicht, „die Wahrheit“ zu vertreten, wie uns des Öfteren vorgeworfen wird. Wir beharren indes auf einem politischen, nicht auf einem philosophischen Wahrheitsbegriff. Ein philosophischer Wahrheitsbegriff ist nebulös, unfassbar; meine Wahrheit muss nicht deiner Wahrheit entsprechen und ihre Wahrheit muss nicht identisch mit unserer Wahrheit sein. Das mögen interessante, jedoch beliebige Diskussionen sein. Der politische Begriff der Wahrheit ist jedoch definierbar. Ein Krieg ist kein Naturereignis, er wird von einer Partei über die andere Partei ausgelöst, es gibt Täter und es gibt Opfer, diese Täter und Opfer können lokalisiert, die Ursachen des Krieges können analysiert werden. Wer immer diese Analyse seriös macht, wird sich früher oder später empören. Das Unrecht, welches sich in den Verbrechen der Europäer, der USA und ihrer Komplizen in Form von Ausbeutung, Krieg und Blockaden niederschlägt und die Völker der Welt verbluten lässt, ist ebenso evident wie die Verleumdungen und die Lügen gegen die angegriffenen Länder.

### Was also können wir tun?

Die betroffenen Staaten intervenieren einerseits immer wieder vor den Gremien der UNO gegen die Blockaden, andererseits laden sie auch solidarische Menschen zu Kongressen und zu Veranstaltungen zu sich ein. Dies sind wichtige Events, welche der Vernetzung dienen und die uns alle voranbringen. Einer dieser Kongresse fand am 8./9. September 2019 in Damaskus als das bereits dritte *„Internationale Gewerkschaftsforum gegen*

*Sanktionen, Embargos, Blockaden und Terrorismus*" statt.[68] Delegierte aus über 100 Ländern beteiligen sich unter dem Patronat der syrischen Regierung an dem Forum. Europäische GewerkschaftsvertreterInnen nahmen ebenso teil wie VertreterInnen aus den USA, der Arabischen Welt, Asien und Afrika. Diese bedeutenden Ereignisse gehen an der westlichen Presse spurlos vorüber, als würden sie nicht stattfinden. Aus der Schweiz nahm eine Delegierte der VSC (Vereinigung Schweiz Kuba) und der Autor als Delegierter von *„Hände weg von Syrien – Bündnis gegen den imperialistischen Krieg*" teil. Die Publikation, die Sie in den Händen halten, ist auch Teil einer Verpflichtung, die wir sowohl gegenüber dem syrischen Volk als auch allen anderen Völkern, die unter imperialistischer Blockade stehen, gegenüber haben.
Unser Redebeitrag, den wir am Forum hielten, sei hier dokumentiert:

Markus Heizmann von *Hände weg von Syrien – Bündnis gegen den imperialistischen Krieg*:
(Redebeitrag, es gilt das gesprochene Wort)
*Wenn wir über Embargos reden, fragen wir doch zuerst jemanden, der sich damit auskennt: Madeleine Albright, von 1997 bis 2001 Außenministerin der USA und als solche mitverantwortlich für die damaligen Sanktionen gegen den Irak. Die US-amerikanische Journalistin Lesley Stahl konfrontierte Albright damit, dass im Irak 500.000 Kinder, eine halbe Million Kinder, infolge des Embargos im Irak ermordet wurden. Das sind mehr tote Kinder, als die Atombombenabwürfe der USA in Hiroshima und Nagasaki zu verantworten haben. Lesley Stahl fragte Albright: „Denken sie, es war es wert?" Albright zögerte einen Moment und sagte dann: „Es war eine schwere Entscheidung, aber ja, ich denke, es war den Preis wert".*
*Genau das, liebe Genossinnen und Genossen, liebe Zuhörerinnen und Zuhörer, ist die Natur des Imperialismus – für seine Ziele geht der Imperialismus über Leichen, im wahrsten Sinne des Wortes. Nun, wir wissen alle, was im Irak geschehen ist, wir wissen alle, was in Libyen geschehen ist und seit Beginn der Kri-*

[68] https://sana.sy/en/?tag=3rd-international-trade-union-forum (Zugriff März 2020)
https://www.youtube.com/watch?v=gVmjROg9dMg (Zugriff März 2020)

*se hören wir hier in Syrien von verschiedenen Menschen immer wieder die gleichen Worte: „Wir werden nicht zulassen, dass sich so etwas in Syrien wiederholt.“ Als Ausländer wollen wir zu Beginn unserer Ausführungen dem syrischen Volk, der syrischen Armee, der syrischen Regierung und der syrischen Gesellschaft ganz allgemein zu ihrer Standhaftigkeit, zu ihrer Tapferkeit und zu ihrer Menschlichkeit gratulieren. Trotz des Angriffskrieges von außen, trotz eingeschleuster Terrorbanden und trotz des Embargos steht Syrien aufrecht und gibt damit vielen anderen, vom Imperialismus angegriffenen Ländern ein Beispiel, Hoffnung und Mut.*

***Nun also zum Embargo gegen Syrien.***

*Dieses Embargo ist illegal! Es widerspricht dem Völkerrecht, es widerspricht der Resolution 36/10 des UN-Menschenrechtsrates vom 28. September 2017 und vor allem ist es unmenschlich!*

*Ab dem 18. September 2018 war Herr Idriss Jazairy in seiner Funktion als UN-Sonderberichterstatter hier in Syrien. Sein Bericht ist natürlich in einer sehr unverbindlichen, diplomatischen Sprache verfasst, wie dies von Vertreten der UNO üblich ist. Gleichwohl macht dieser Bericht klar, dass es vor allem zwei Akteure sind, die das Embargo gegen Syrien vorantreiben: Die Vereinigten Staaten von Amerika und die Europäische Union. Wir sprechen im Fall Syriens also von sogenannten unilateralen Zwangsmaßnahmen. Das bedeutet konkret, dass weder der UN-Sicherheitsrat noch die UN-Generalversammlung diese Sanktionen beschlossen haben. Genau die Staaten, die USA und die Staaten der EU, die Syrien auf dem Boden und militärisch angreifen, versuchen auch das Land wirtschaftlich, mittels Sanktionen zu erdrosseln. Es ist nun leider nicht so, dass Syrien nur von den Ländern der EU und den USA mit Sanktionen belegt wird. Eine Reihe von größeren und kleineren Staaten spielt das üble Spiel der USA und der EU mit, darunter leider auch das Land, aus dem wir kommen, die Schweiz. Wir haben den damaligen Schweizer Außenminister gefragt, weshalb die Schweiz so etwas tut. Die Schweiz ist nicht Mitglied der EU und sie sollte auch kein Vasallenstaat der USA sein. Die Antwort des Ministers war relativ kurz, wörtlich: „[...] Die Schweiz reagiert mit diesen Maßnahmen auf die gravierenden Menschenrechtsverletzungen vor Ort, insbesondere die gewaltsame Unterdrückung der syrischen Zivilbevölkerung durch die syrischen Streit- und Sicherheitskräfte. [...]“ Das widerspricht all dem, was wir in Syrien als*

*Besucher, auch in den Jahren des Krieges, gehört und erlebt haben, diametral.*
*So liegt es nahe, dass wir den Minister nach den Beweisen für diese ungeheuren Anschuldigungen fragten. Diese Korrespondenz mit dem Schweizer Außenministerium liegt jetzt zwei Jahre zurück, aber bis zur Stunde hören wir immer wieder dieselben Beschuldigungen, aber noch nie wurde ein schlüssiger Beweis erbracht. Wir stellen fest, dass sie sich ausschließlich auf nicht verifizierbare Aussagen von Personen außerhalb Syriens, zum Beispiel in den Flüchtlingslagern der Türkei, abstützt, keine stichhaltigen Beweise also.*

*Erlauben sie uns dazu eine Bemerkung am Rande: Die Verletzungen von Menschen- und Völkerrecht durch Israel, die Folterungen von Abu Ghraib und Guantanamo durch die USA, die völkerrechtswidrigen Angriffe der NATO gegen Jugoslawien und gegen Libyen sind nur einige Beispiele für die unsäglichen Verbrechen der USA und ihrer Komplizen. Diese Verbrechen sind alle längst bewiesen und deren Opfer, allen voran das Volk Palästinas, warten bis zum heutigen Tag auf Gerechtigkeit. Im Gegensatz zu diesen offensichtlichen Verbrechen Israels, der USA und der EU, die natürlich eng mit der NATO verbunden sind, warten wir noch immer auf die Beweise der Anschuldigungen gegen die syrische Regierung.*
*Auf die Gefahr hin, dass viele unter euch das schon kennen, möchte wir doch einige Zahlen, die der bereits erwähnte Sonderberichterstatter Idriss Jazairy in seinem Bericht veröffentlicht, zitieren:*
*Das Büro für die Koordinierung humanitärer Angelegenheiten, ebenfalls eine UN-Behörde, schätzt, dass infolge des Embargos 6 Millionen Kinder und Jugendliche Bildungshilfe benötigen, knapp 2 Millionen Kinder gar nicht zur Schule gehen, 30%, also 1/3 der Schulen zerstört oder beschädigt sind, 4 Millionen Menschen angemessene Unterkünfte brauchen, 14 Millionen Menschen brauchen sauberes Trinkwasser, davon die Hälfte akut. Das Öl- und Finanzembargo hindert Syrien daran, Lebensmittel in ausreichender Menge zu importieren – vor dem Krieg wurden diese Lebensmittel im Land produziert und konnten auch exportiert werden. Die syrische Währung, die Lira, hat gegenüber dem Dollar oder gegenüber dem Euro etwa das 12-fache an Wert verloren (von ca. 45 Lira vor 2011 auf ca. 550 Lira heute). Die durchschnittlichen Löhne sind gleich geblieben, das bedeutet*

*einen enormen Verlust an Kaufkraft. Das Bruttoinlandsprodukt Syriens ist seit Beginn der Sanktionen um etwa die Hälfte gesunken. Dies sind, so meinen wir, beeindruckende Zahlen, die jedoch das gesamte Ausmaß des Verbrechens noch nicht einmal ansatzweise zeigen. Die Sanktionen der USA verbieten unter anderem: Investitionen in Syrien, Exporte aus Syrien, Handel mit Erdölerzeugnissen, Finanzielle Transaktionen. Nebst den US-Sanktionen fährt die EU ein eigenes Sanktionsprogramm. Eine Gruppe von Ländern, der u.a. auch die Schweiz, Kanada, Australien, Norwegen, die Arabische Liga und noch ein paar andere angehören, fahren nochmals ein gesondertes Sanktionsprogramm. Diese verschiedenen Akteure, die sich selbst jeweils ihre eigenen Regeln für die Sanktionen geben, verkomplizieren die Blockade gegen Syrien enorm. So ist ein regelrechtes Labyrinth von Lizenzen und Ausnahmeregelungen entstanden. Ein Unternehmer, der mit Syrien Handel treiben will, muss also nicht nur eine, sondern viele, zum Teil einander widersprechende Bestimmungen einhalten. Natürlich werden dadurch viele davon abgehalten, irgendein Geschäft mit Syrien zu tätigen, obwohl das eigentlich mit Lizenzen möglich wäre, denn Verstöße gegen die Bestimmungen der illegalen Blockade werden von den USA horrend bestraft.*
*Die legitime syrische Regierung ist für die Einhaltung der Menschenrechte in Syrien verantwortlich. Mit Menschenrechten ist gemeint, dass die syrische Regierung für die Erfüllung der Grundbedürfnisse des syrischen Volkes verantwortlich ist. Dass diese Verantwortung wahrgenommen werden kann, wird jedoch durch die Blockade behindert. Lassen sie uns Artikel 70 aus dem Bericht der Delegation unter Idriss Jazari zitieren: „Die einseitigen Zwangsmaßnahmen sind aufgrund ihrer Wirkung immer schwieriger zu rechtfertigen – wenn sie sich überhaupt jemals rechtfertigen ließen". Zitat Ende.*

*Erwähnen müssen wir unbedingt auch, dass Syrien nicht allein steht: Die Sanktionslisten der USA und der EU sind lang, sie reichen von A wie Armenien bis Z wie Zimbabwe. Besonders herausragend unter den von Embargos betroffenen Völkern ist das Volk Palästinas. Die Blockade der Zionisten, zum Beispiel gegen die Bevölkerung des Gazastreifens spottet jeder Beschreibung. Auch Venezuela sieht sich im Würgegriff des imperialistischen Embargos: 2017-2018 sind gemäß eines Berichts des Center for Economic and Policy Research rund 40.000 Menschen als Folge der Sanktionen gestorben, im Klartext: Sanktionen ermor-*

*den Menschen! Das längste und wohl bekannteste Embargo ist das gegen Kuba: Die Blockade der USA gegen Kuba, die längste Wirtschafts- Handels- und Finanzblockade der Geschichte (1960 bis heute) – die in Kuba als „der längste Genozid der Geschichte“ bezeichnet wird – kostete der Insel fast 900 Milliarden US-Dollar.*

*Sich in den diversen Sanktionslisten zurechtzufinden ist ebenso ein Labyrinth wie die Absicht, die Sanktionsbestimmungen gegen Syrien durchschauen zu wollen. Nicht alle der Länder, die unter Sanktionen stehen, sind im gleichen Ausmaß davon betroffen. Syrien jedoch steht unter sehr umfassenden Sanktionen seitens der USA, der EU und der erwähnten Gruppe von Ländern. Wie der Fall des kürzlich vor Gibraltar aufgebrachten Tankers Grace 1 zeigt, schreckt der Imperialismus vor nichts zurück, um seine Interessen durchzusetzen. Jedoch – und das macht Hoffnung – die Zeiten, da sich die imperialistischen Mächte restlos alles erlauben konnten, scheinen endgültig vorbei zu sein. Sei es die entschlossene Haltung des Iran, seien es Länder wie Russland und China, die auf militärischer oder auf diplomatischer Ebene auf Syriens Seite stehen, oder sei es die stetig wachsende wirtschaftliche Kooperation mit Ländern, die sich dem imperialistischen Diktat widersetzen: Syrien, das syrische Volk, sieht sich vereint mit der Mehrheit der Menschen dieses Planeten, die in Frieden und in Gerechtigkeit leben wollen. Die imperialistischen und zionistischen Kriegstreiber werden, um ein Wort von Fidel Castro abzuwandeln, vor der Geschichte schuldig gesprochen werden. Die Solidarität der Völker untereinander, die Solidarität der Menschen untereinander, der Widerstand gegen Zionismus und Imperialismus, all dies sind unsere Waffen im Kampf gegen Ungerechtigkeit, Elend und fremde Besatzung. Die Gerechtigkeit wird siegen! Syrien wird siegen, die Völker des Südens werden siegen!*

*Es lebe die Regierung, die das souveräne syrische Volk für sich gewählt hat und die standhaft zu Syrien steht, statt sich ins sichere Exil abzusetzen. Und es lebe die Armee, die das Volk gegen diese Aggression verteidigt.*

Foren wie dieses stehen allen, die sich daran beteiligen wollen, offen. Nicht nur der Erkenntnisgewinn, der daraus resultiert, ist enorm, ebenso wertvoll sind die Kontakte, die geknüpft werden können, die Vernetzung mit anderen solidarischen und fortschrittlichen Kräften. Nichts steht dem Plan im Weg, selbst solche Veranstaltungen hier, in den Kernländern des Imperialismus (Che Guevara nannte sie „das Herz der Bestie“) zu organisieren. Auch deshalb ist es unbedingt wichtig, Kontakte zu knüpfen. Kontakte mit solidarischen Menschen aus der Basis, Kontakte aber auch zu GewerkschafterInnen, PolitikerInnen und zu den Botschaften der von den Blockaden betroffenen Länder. Alles was dazu dient, diesem Unrecht ein Ende zu setzen, ist gut.

# Zum Schluss

Was wir hier auf einem relativ beschränkten Platz zum Thema Sanktionen, Embargos, Blockaden anbieten, kann naturgemäß nicht mehr sein als ein Abriss, ein Appetithappen sozusagen. Sollten Sie, liebe Leserin, lieber Leser durch diese Lektüre Lust auf mehr bekommen haben, beachten sie bitte die Literaturliste am Ende dieses Buches.

Es ist wichtig, dass wir uns informieren. Es ist wichtig, dass wir die Erkenntnisse, die wir uns erarbeiten, nicht für uns behalten. Wir müssen sie in Diskussionen und auch im Widerspruch mit anderen teilen. So bauen wir Solidarität auf. Das alte Sprichwort „*Wissen ist Macht*" scheint tatsächlich zu stimmen. Warum sonst sollten sie mit allen Mitteln versuchen, uns dumm zu halten? Und tatsächlich werden wir unwissend gehalten, für dumm verkauft. Wenn wir in Europa die Menschen nach Embargos, Sanktionen und Blockaden fragen, werden viele erstmal gar nicht wissen, wovon die Rede ist. Einige werden vielleicht, bedingt durch die Arbeit der Solidaritätsgruppen, Kuba als jahrzehntelanges Opfer einer Blockade benennen können. Dass jedoch diese Blockade, wie die allermeisten anderen Blockaden auch, die UNO-Charta, internationales Völkerrecht und oftmals auch die Verfassungen der Länder, welche die Blockaden anwenden, verletzen, dürfte kaum jemandem bekannt sein.

Es obliegt spezifischen Institutionen in den imperialistischen Kernländern, über diese kriminellen Vereinigungen, die sich als „demokratische Staaten" tarnen, zu berichten. Diese Institutionen sind namentlich die Presse, die sich nach wie vor „frei" nennt und sich oftmals auch frei wähnt. Es sind die NGO's, die nicht selten ihre Hilfe in den blockierten Ländern anbieten. Sie müssen erkennen, dass all diese Länder ein wirtschaftliches Potenzial haben, welches es ihnen erlauben würde, die Bevölkerung nicht nur zu ernähren, sondern sie im Wohlstand leben zu lassen – wären da nicht die Blockaden mit all ihren Folgeerscheinungen und die anderen, auch militärischen Interventionen des Imperialismus. Die NGO's schweigen dazu. Tatsache ist ihr Wissen und ihr Schweigen darüber, was sie wissen. Die NGO's sind damit Teil der imperialistischen Infiltration.

Desgleichen die europäischen und US-amerikanischen Kirchen. Im besten Fall schweigen auch sie (wie im Kapitel „Die Rolle der Kirchen" beschrieben), zum Beispiel zum Aufruf der kirchlichen Würdenträger Syriens, welche Krieg und Blockade klar verurtei-

len. Im schlimmsten Fall agiert die Kirche als Komplizin der reaktionären und faschistischen Mächte, so wie im Fall des Putsches gegen den bolivianischen Präsidenten Evo Morales: Rechtsreaktionäre Kreise sorgten für den Sturz von Morales. Die selbsternannte Interimspräsidentin Jeanine Áñez hielt mit einer riesigen Bibel Einzug ins Parlament in La Paz. Einer der Anführer der Putschisten, Luis Fernando Camacho, erschien tatsächlich mit einem Rosenkranz vor der versammelten Presse und er erklärte allen Ernstes *„Pachamama werde nie wieder zurückkehren, Bolivien gehöre jetzt wieder Jesus"*.[69]
*Pachamama* ist die Urmutter der Erde, die in der Religion der indigenen Andenvölker Südamerikas verehrt wird. Ihre Vertreibung aus den Hallen der Macht in Boliviens markiert den Anstieg einer offen prochristlichen, antiindigenen Stimmung im Land nach 13 Jahren Präsidentschaft durch Evo Morales, einem Mitglied der Aymara-Kultur. Dieser äußerst reaktionäre Machtanspruch von Luis Fernando Camacho wird von offizieller kirchlicher Seite nicht zurückgewiesen. Dazu schweigt die westliche Kirche ebenso verbissen wie zu den Forderungen der christlichen Würdenträger aus Syrien.
Eine andere imperialistische Institution, die immer wieder versucht, uns unwissend zu halten und uns für dumm verkauft, ist die Presse, sind die Medien. Die westlichen Presseerzeugnisse versuchen uns u.a. hartnäckig einzureden, in Syrien, Kuba, Venezuela und anderen, klar von der transatlantischen Allianz angegriffenen Ländern würden Diktatoren herrschen. Angriffskriege werden bedenkenlos zu „Friedensmissionen" umgelogen, die Rhetorik der NATO und des Pentagons wird 1:1 übernommen. Wer immer sich weigert, diesen völlig faktenfreien Unsinn nachzubeten, tut gut daran, sich warm anzuziehen. Vorläufig landen derartig abweichende Meinungen noch in der Schublade „Verschwörungstheoretiker". Spätestens seit Georgi Dimitroff wissen wir jedoch, dass *„der Machtantritt des Faschismus nicht simpel und glatt vor sich geht, als ob irgendein Komitee des Finanzkapitals den Beschluss gefasst hätte, an diesem oder an jenem Tage die faschistische Diktatur aufzurichten."*[70]

---

69 https://wildhunt.org/2019/11/bolivian-opposition-declares-pachamama-unwelcome-in-palace.html (Zugriff März 2020)
70 https://www.marxists.org/deutsch/referenz/dimitroff/1935/bericht/ch1.htm (Zugriff März 2020)

Was ist, wenn wir längst wieder im Faschismus leben und es bloß noch nicht bemerkt haben?
Eine Presse, welche so gut wie ausschließlich die herrschende Meinung vertritt, also die Meinung der Herrschenden, eine Presse, die jede davon abweichende Meldung (und sei sie auch hundertfach durch Tatsachen belegt) als „Propaganda“ oder als „Verschwörungstheorie“ abtut, ist nichts weiter als konform zum System, unkritisch, folgsam, nutzlos. Sie beleidigt meine und unsere Intelligenz.
An dieser Stelle passt ein Wort von Bertolt Brecht:

> *Herr Keuner begegnete Herrn Wirr, dem Kämpfer gegen die Zeitungen. „Ich bin ein großer Gegner der Zeitungen“, sagte Herr Wirr, „ich will keine Zeitungen.“ Herr Keuner sagte: „Ich bin ein größerer Gegner der Zeitungen: ich will andere Zeitungen.“*[71]

Wir werden für dumm gehalten und wir werden für dumm verkauft. Wie anders ist es sonst zu erklären, dass unsere von uns gewählten Regierungen klar und eindeutig gegen unsere Interessen handeln? Ist es in unserem Interesse, zu Russland, dem Iran, China und zu anderen Ländern, die rein zufällig alle auch im Fadenkreuz der USA stehen, feindliche statt freundliche Beziehungen aufzubauen? Ist es in unserem Interesse, Länder auf der anderen Seite der Welt, die noch nie in irgendeiner feindlichen Beziehung zu uns gestanden sind, mit Blockaden zu belegen? Wäre es nicht vielmehr an der Zeit, endlich die dunkle Vergangenheit Europas seriös aufzuarbeiten? Und damit meinen wir nicht nur die Zeit des Naziterrors von 1933 bis 1945. Der Rassismus, der Eurozentrismus, der Kolonialismus, welche den Aufstieg des Faschismus schlussendlich erst ermöglichten, wurde in den europäischen Köpfen niemals seriös thematisiert. Eine Entkolonialisierung des Geistes hat niemals stattgefunden. Dementsprechend verhalten sich unsere Medien, unsere Schulen, unsere Universitäten, unsere ganze Gesellschaft. Die Dummheit, in der wir ausnahmslos alle gefangen sind, hat nichts mit der intellektuellen Denkfähigkeit, die uns eine Relativitätstheorie oder ein komplexes Computerprogramm verstehen lässt, zu tun. Es scheint, dass sich eine große Mehrheit von uns schlicht weigert, simple historische und politische Wahrheiten als solche zu akzeptieren und ihnen entsprechend das Leben auszurichten. Logik

---

[71] https://nosologoethevlc.files.wordpress.com/2013/03/brecht-geschichten-keuner.pdf (Zugriff März 2020)

hilft uns natürlich weiter, das Problem jedoch ist die Haltung, in der viele von uns gefangen sind. Simple Wahrheiten wollen nicht erkannt werden. Einige dieser Wahrheiten sind so offensichtlich, dass es schon fast eine Schande ist, sie aussprechen zu müssen:
Die Angriffe gegen die Völker kommen immer von Europa – in jüngerer Zeit gehen sie auch von den USA aus. Nicht die indigenen Völker Amerikas haben die europäischen Siedler ausgerottet, es war umgekehrt. Desgleichen: Nicht die Sowjetunion hat Europa angegriffen, Deutschland hat die Sowjetunion angegriffen. Nicht Vietnam hat die weit entfernten USA angegriffen, das war umgekehrt. Syrien hat in seiner modernen Geschichte noch nie ein anderes Land angegriffen, es waren die europäischen Kreuzritter, heute die Israelis und ihre Komplizen, welche immer wieder versucht haben, den syrischen Staat zu zerschlagen. Seit Neustem geschieht dies mit Söldnerbanden und instrumentalisierten Gotteskriegern.
Die Ressourcen, von denen unsere kranke Wirtschaft lebt, inklusive das Öl, dieses schwarze Blut, welches nach wie vor durch den Körper dieser Wirtschaft gepumpt wird, kommen nicht oder kaum in Europa vor. Diese und andere Ressourcen werden von den Europäern und ihren Komplizen an allen Ecken und Enden der Welt geraubt, in Mali, in Syrien, in der gesamten arabischen Welt, in ganz Afrika und Asien, mit einem Wort, überall dort, wo der Gier der Europäer und ihren Komplizen nicht mit der Waffe in der Hand Einhalt geboten wird.
Menschlichkeit und Kultur werden zu Unrecht als „europäische Werte" apostrophiert. Wenn es ein europäisches oder US-Charakteristikum geben mag, dann ist es das, was Rosa Luxemburg als Barbarei bezeichnet hat. Wie anders ist zu erklären, dass die schrecklichsten Kriege der letzten 1.000 Jahre alle von Europa ausgingen? Wir sehen dies von den Kreuzzügen über die mörderische Kolonialisierung der Welt, die Sklaverei, bis hin zu den Atombomben und Vernichtungskriegen unserer Tage.
All diese Verbrechen, Kriege und Blockaden inklusive, sind derart ungeheuerlich und derart evident, dass es unmöglich ist, sie nicht zu sehen. Selbstverständlich können wir jedoch unsere Augen vor der Wirklichkeit verschließen, wie ein Kind, dass sich die Hände von die Augen hält und meint, dadurch unsichtbar zu werden. Unschuldig wie die Kinder werden wir dadurch jedoch nicht.

Liebe Leserin, lieber Leser, dies sind keine versöhnlichen Töne am Schluss eines Buches. Die Faktenlage jedoch ist klar. Diese Fakten, die Sanktionen, Embargos, Blockaden, die Kriege und Katastrophen sind vom Menschen, hauptsächlich vom europäischen und vom US-amerikanischen Menschen gemacht. Sie können und sie müssen durch Menschen beendet werden. Wer, wenn nicht wir, soll das tun? Alleine haben wir keine Chance, wir werden in der Depression, in der Psychiatrie oder in ihren Gefängnissen landen. Vernetzt, vereint können wir das erreichen, was für uns alle überlebensnotwendig ist: Eine Welt, in der der Mensch vor dem Profit steht, eine Welt, bestimmt von menschlichen und politischen, statt von wirtschaftlichen und materiellen Interessen. Niemand sagt, dass der Weg zu dieser Vision ein einfacher Weg ist. Wenn wir uns jedoch nicht bewegen, wenn wir uns nicht auf den Weg machen, dann ist uns und denen, die nach uns kommen, ein langes Leiden gewiss. Oder um es mit den Worten von H. Krammer in seinem Vorwort zu unserem Buch „Zur Anatomie des Imperialismus“ zu sagen: *„Nur wer sich bewegt, spürt seine Ketten“.*

Lasst uns alle die Ketten zerreißen und in Bewegung bleiben!

# Anhang

Im Jahr 2017 haben wir uns mit einem Brief an den damaligen Außenminister der Schweiz gewandt. Wir wollten von ihm wissen, weshalb die sogenannt neutrale Schweiz die Blockade gegen Syrien mitvollzieht:

(Im Original sind die Briefe selbstverständlich signiert)

Markus und Eva Heizmann

Herrn Bundesrat
Didier Burkhalter
Eidgenössische Departement für auswärtige Angelegenheiten (EDA)
Bundeshaus Ost
3003 Bern

██████, Januar 2017

**Anfrage zu Syrien**

Sehr geehrter Herr Bundesrat Burkhalter

Nach wie vor unterliegt Syrien Sanktionen, welche auch die Schweiz mit vollzieht. Wir bitten Sie zu diesem Thema um die Beantwortung folgender Fragen:

Sanktioniert die Schweiz Syrien aufgrund von bindenden Verpflichtungen aus etwaigen internationalen Verträgen oder Abkommen?
Falls ja: Welche internationalen Verträge oder Abkommen sind das?
Falls nein: Wenn es für die Schweiz keinerlei juristische Verpflichtung gibt, Syrien mit Sanktionen und Boykott zu bestrafen, warum dann diese feindliche Haltung der Schweiz gegenüber Syrien?

Wir kennen Syrien als laizistisches Land, welches keine Angriffskriege führt und sich seit dem Jahr 2011 gegen massivste Angriffe von außen verteidigt.
Demgegenüber führt zum Beispiel Saudi-Arabien gegen Jemen einen offenen und gegen Syrien einen verdeckten Angriffskrieg. Mit Saudi-Arabien unterhält die Schweiz (wie mit anderen kriegsführenden Mächten auch) beste diplomatische, wirtschaftliche und militärische Beziehungen.
Können Sie uns über diese Widersprüche aufklären?

Mit bestem Dank für Ihre geschätzte Antwort verbleiben wir hochachtungsvoll

**Markus Heizmann** **Eva Heizmann**

Nach mehrmaliger Nachfrage erhielten wir vom Minister eine nichtssagende Antwort und wir intervenierten erneut. Tatsächlich rief uns einige Monate später der damalige stellvertretende Chef der Abteilung Mittlerer Osten des Schweizer Außenministeriums (EDA) an. Wir haben die Gespräche mit ihm, nennen wir ihn Herrn „Schweizer“[72], protokolliert:

**Telefongespräch von mit Herrn „Schweizer“,**
**stellv. Chef der Abteilung Mittlerer Osten, EDA.**
Mai, 2017

„Herr Schweizer“ ruft uns aus Beirut an, im Auftrag von Hr. Burkhalter, damaliger Außenminister der Schweiz, denn er, „Schweizer“, könne uns substantiell Auskunft geben.
„Herr Schweizer“ nennt uns schwere Menschenrechtsverletzungen der Syrischen Regierung: Das Verschwindenlassen einer großen Anzahl von Menschen. Er nennt keine Zahl und er habe auch keine Quellenangabe in Erinnerung.

---

72 „Herr Schweizer“ bat um Diskretion. Selbstverständlich ist uns seine Identität bekannt. (M.H.)

Auch die Rebellen hätten Giftgas verwendet, doch gebe es deutliche Hinweise, dass Assad auch Giftgas eingesetzt habe. Assad verweigere eine Untersuchungskommission. Er (Assad) solle sich in die Welt integrieren.

*Wir bekunden Verständnis für die Verweigerung Syriens einer parteilichen Untersuchungskommission, mit Hinweis auf Irak und Libyen.*
*Welche Quellen kann er uns als Beweis für die Menschenrechtsverletzungen seitens der Syrischen Regierung nennen?*

„Herr Schweizer“ nennt:
- Spezialisten der UNO, das Büro des (damaligen) Sondergesandten Staffan Domingo de Mistura habe Leute vor Ort und diese würden dann in Genf berichten.
- Aussagen von Opfern
- Nein, die SOHR würde nicht als Quelle genutzt, auch nicht HRW.[73]
- Amnesty International sei auch schon konsultiert worden, dies sei jedoch nicht die Regel.

*Wir bezweifeln die Zuverlässigkeit der Aussagen von Opfern, solange diese nicht unabhängig verifiziert werden können. Wir fragen ihn, weshalb die Schweiz keine diplomatische Vertretung in Syrien hat – und umgekehrt, weshalb Syrien keine Vertretung in der Schweiz unterhält?*

Für die Schweiz nennt „Herr Schweizer“ die Sicherheitslage in Syrien und auch die Kosten. Umgekehrt gäbe es einen Austausch vom syrischen zum schweizerischen Außenministerium. Die Schweiz würde mit der Syrischen Regierung zusammen arbeiten. Schweizer Aktivitäten in Syrien seien mit der syrischen Regierung abgesprochen. Das IKRK (Internationales Komitee Rotes Kreuz) arbeite mit dem Roten Halbmond zusammen. Vertrauensbildende Maßnahmen müssten geheim bleiben, sonst würden die Leute vor Ort nicht mehr mitarbeiten. Die Schweizer Diplo-

---

[73] SOHR (Syrische Beobachtungsstelle für Menschenrechte) und HRW (Human Rights Watch) sind zwei sehr umstrittene Organisationen, die immer wieder äußerst parteiisch – zuweilen auch unwahr – über die Ereignisse in Syrien berichten.

matie würde mit allen rund um Syrien sprechen: Türkei, Libanon, Jordanien, Russland, Iran.

*Wir fragen, ob die Schweiz Waffen nach Saudi-Arabien schicken würde?*

Nur Ersatzteile, beteuert „Herr Schweizer", nur Verteidigungswaffen, zur Fliegerabwehr.

*Wir zweifeln...*

„Herr Schweizer" meint, ein Problem seien die Drittstaaten, die entgegen den Verträgen Waffen weiterverkaufen würden, zum Beispiel die Vereinigten Arabischen Emirate. Deswegen werde nun erwogen, bei den Waffenverkäufen strengere Verträge aufzusetzen. An Saudi-Arabien, Bahrain und an Katar würden keine neuen Waffen mehr verkauft, aber die Presse habe das noch nicht gemerkt. Für genauere Auskünfte zum Waffenhandel rät er, dass wir uns an das Staatssekretariat für Wirtschaft (SECO) wenden sollen.

*Wir beenden das Gespräch und kommen überein, in Kontakt zu bleiben.*

*Wenige Tage später rufen wir „Herr Schweizer" an:*

„Herr Schweizer" versichert uns, die Vorwürfe, die er auch jetzt wieder gegen die Syrische Regierung erhebt, könnten durch eine UNO-Untersuchungskommission verifiziert werden.

*Wir fragen ihn, wo wir diese Berichte einsehen können.*

Diese Berichte seien nicht öffentlich, sagt er. Geplant sei ein „neues Menschenrechtsgericht" in Genf, das sei aber noch nicht spruchreif. Genau solche Fälle wie in Syrien werde man dann aber dort verhandeln. Außerdem gäbe es doch Hunderttausende Tote in Syrien, ob uns das denn nicht Beweis genug sei für Assads Schuld?

*Wir antworten, für uns sei dies der Beweis, dass in Syrien ein gigantisches Verbrechen stattfinde, ein Beweis, dass die Syrische Regierung die Schuld daran trage, sei das noch lange nicht.*

Ja, schon, antwortet „Herr Schweizer“, aber Menschenrechtsverletzungen würden von allen Seiten begangen.

*Abermals fragen wir ihn nach Beweisen.*

Zum Beispiel 2 Millionen Flüchtlinge, antwortet er.

*Wir beharren darauf, dass wir noch immer keine hieb- und stichfesten Beweise für die Schuld der Syrischen Regierung haben, welche die verhängten Sanktionen rechtfertigen.*

In der Region sei Syrien schon seit langem wegen Menschenrechtsverletzungen bekannt, sagt er.

*Das ist Hörensagen antworten wir und: Für gravierende, tödliche Maßnahmen wie die vollzogene Blockade braucht ein Rechtsstaat doch Beweise, wo sind die Beweise? Während all den Reisen, die wir in Syrien auch in Zeiten des Krieges unternommen haben, haben wir nichts derartiges gefunden.*[74]

„Herr Schweizer“ wendet ein, dass wir nur in den von der Regierung kontrollierten Gebieten waren.

*Wir erwidern, dass wir uns gleichwohl ein Bild machen konnten. Die Menschen stehen der Regierung keineswegs kritiklos gegenüber, keinesfalls wollen sie jedoch den Sturz dieser Regierung. Und natürlich reisen wir nicht ins Kampfgebiet.*

„Herr Schweizer“ ändert das Thema: Wissen sie wie viel die Schweiz bis jetzt an Syrien (in der Türkei, im Libanon und in Jordanien) bezahlt hat?

*Ja, antworten wir, 250 Millionen Schweizer Franken (Stand 2017).*

---

[74] Siehe: Syrien – ein Land im Widerstand – mehr als ein Reisebericht. Heizmann und Heizmann, TuP Verlag, Hamburg, 2017

Die offizielle Position der Schweiz sei nicht ein Regime Change, erklärt uns „Herr Schweizer". Wir vollziehen das Embargo mit, weil wir mit allen Seiten im Kontakt bleiben müssen, sonst können wir unsere „guten Dienste" nicht mehr anbieten.

*Erneut fragen wir ihn nach den Beweisen, mit denen die Blockade gerechtfertigt wird.*

Zum Beispiel UNO-Satelliten, antwortet er, die zeigen, dass Massaker stattgefunden haben.

*Dafür brauchen wir keine Satelliten, erwidern wir. Die Frage ist doch nicht, ob Massaker stattgefunden haben. Die haben stattgefunden. Die Frage ist, wer für diese Massaker verantwortlich ist. Kann man das auf den Satellitenbildern erkennen?*

Nein, das könne man nicht, räumt „Herr Schweizer" ein und weiter: Die Schweiz mache nicht die Syrische Regierung für die Giftgasangriffe verantwortlich. Auch wissen wir genau, dass die Bewaffneten Terroristen seien. Daran trage jedoch die Regierung die Schuld. Sie (die Regierung) habe nämlich die moderate Opposition zerschlagen und so in die Hände der radikalen Banden getrieben.

*Wieder fragen wir nach Beweisen für diese Unterstellung.*

Wir sprechen mit Leuten vor Ort, antwortet „Herr Schweizer".

*Das sei seltsam, geben wir zurück, die Leute vor Ort hätten uns nämlich ganz anderes berichtet.*

Ob wir denn nicht auch der Meinung seien, dass Menschenrechtsverletzungen geahndet werden müssen? fragt er uns.

*100% einer Meinung mit Ihnen, antworten wir. Es geht aber nicht an, eine Menschenrechtsverletzung zu registrieren und sofort und ohne Beweise die Regierung von Damaskus dafür verantwortlich zu machen. Es gibt keinen einzigen Beweis, bitte belehren sie uns doch eines Besseren.*

Wir vertrauen den Fachleuten der UNO, versichert er uns.

*OK, antworten wir ihm. Vertrauen wir den Fachleuten von der UNO! Was sagen die Fachleute der UNO zu den Menschenrechtsverletzungen und zu den Massakern, die Israel seit Jahrzehnten an den Palästinensern anrichtet? Da brauchen wir auch nicht nach Beweisen zu suchen, da gibt es Beweise genug.*

Das verurteilen wir natürlich.

*Erfreulich! Und gibt es Sanktionen gegen Israel?*

Nein.

*„Herr Schweizer", es gibt Beweise für die Menschenrechtsverletzungen Israels und Israel hat keine Sanktionen zu fürchten. Bisher konnten sie mir keine Beweise für die Menschenrechtsverletzungen Syriens zeigen und Syrien wird mit einer Blockade belegt. Warum ist das so?*

Ich sage es jetzt mal undiplomatisch trivial: Die Syrische Regierung hat genug Dreck am Stecken. Warum ist sie zum Beispiel nicht willens, Rakka zu befreien? Der IS wütet dort schon seit Jahren und die Armee tut nichts. Wissen Sie warum? Ich weiß es nicht.

*Da können wir Ihnen Auskunft geben: Die Armee zögert, al-Rakka anzugreifen, weil die Terroristen noch immer eine große Anzahl Menschen als Geiseln halten. Sobald Korridore offen sind, wird die Armee wahrscheinlich al-Rakka ebenso befreien wie auch Aleppo, Homs und andere Städte befreit wurden, nachdem die Zivilbevölkerung in Sicherheit war. Diese Information haben wir von einem Offizier in Baniyas. Aber noch immer wissen wir nicht, woher Sie Ihre Informationen haben, die die Blokkade rechtfertigen?*

Die Menschenrechtsverletzungen durch die Syrische Regierung sind doch offensichtlich.

*Wir wiederholen uns: Außer den Aussagen von Flüchtlingen und den Berichten von Amnesty International gibt es keine Beweise. Flüchtlinge sind, ebenso wie AI keine zuverlässige Quelle. AI ist klar Partei. Flüchtlinge müssen vor den jeweiligen Ausschüssen genau das aussagen, was gehört werden will: Gegen die Regie-*

*rung des Landes, woher sie kommen. Kein EU Land wird einem Flüchtling Asyl gewähren, wenn er aussagt, er sei vor den Bomben der NATO geflohen.*[75]

Nicht für das EDA, aber für mich persönlich, beteuert „Herr Schweizer", sei Amnesty International eine glaubwürdige Organisation.

*Wir widersprechen: Im Irak z.B. war es AI, welche die Brutkastenlüge mit verbreitet hat. Syrien wird angeklagt, in Sednaya 50 Inhaftierte pro Woche hinzurichten. Wer soll so was glauben, wo sind die Beweise für solch monströse Anschuldigungen?*

„Herr Schweizer" lenkt ein: Nun, es gebe auch verschiedene UN-Agenturen, auf die wir uns stützen. Ich werde diese Berichte heraussuchen und sie Ihnen schicken, natürlich nur soweit sie nicht klassifiziert sind.

*Da sind wir Ihnen sehr dankbar. Wir müssen Ihnen jedoch sagen, dass selbst wenn Ihre Beweise überzeugen sollten, wir trotzdem noch gegen die Blockade sind. Ein Embargo, eine Blockade trifft immer die Schwächsten der Gesellschaft und es ist eine Schande, dass sich die Schweiz und andere Länder zu so etwas hergeben.*

*Wir beenden das Gespräch und tatsächlich schickt uns „Herr Schweizer" schon einige Tage später die versprochenen UNO-Berichte. Wir haben den Bericht, auf den er sich auch während unseres Telefonats bezogen hat, studiert und ihn an „Herr Schweizer", versehen mit unserer Kritik zurückgeschickt (siehe unten). Seither haben wir nichts mehr von ihm gehört, E-Mails blieben, ebenso wie Telefonanrufe unbeantwortet.*

[75] Zum Beispiel die Lampedusa Flüchtlinge. „*Lampedusa Flüchtlinge*" werden rund 300 Flüchtlinge genannt, die in Hamburg ab 2013 für ein dauerhaftes Bleiberecht kämpften. Sie waren nach den Angriffen gegen Libyen nach Italien geflüchtet und gelangten danach nach Deutschland. Sie weigerten sich ausdrücklich die libysche Regierung von Muamar al Gadaffi zu diffamieren und betonten, sie seien „vor den Angriffen der NATO geflüchtet".

*Aus der E-Mail Korrespondenz:*

Am 17.05.2017 um 15:50 schrieb „Herr Schweizer“ EDA ASI:

*Sehr geehrter Herr Heizmann!*

*Ich möchte mich nochmals bei Ihnen für das offene und konstruktive Telefongespräch bedanken.*

*Wie besprochen sende ich Ihnen einen Link der Unabhängigen Untersuchungskommission für Syrien des UNO-Hochkommissariats für Menschenrechte.*
*http://www.ohchr.org/EN/HRBodies/HRC/IICISyria/Pages/Documentation.aspx*

*Hier finden Sie verschiedene Berichte, welche Verletzungen des Humanitären Völkerrechts und der Menschenrechte in Syrien dokumentieren, welche von der syrischen Regierung, deren Alliierten und der bewaffneten Opposition inklusive terroristischer Gruppierungen begangen worden sind. Besonders aktuell und umfassend ist der Bericht von 2017(bei „E-only“ klicken).*
*http://www.ohchr.org/Documents/Countries/SY/A_HRC_34_CRP.3_E.docx*
*Wie Sie sehen, bemüht sich das zuständige UNO-Gremium um eine neutrale Berichterstattung, indem die Verbrechen sämtlicher Akteure aufgelistet werden.*
*Es freut uns, dass Sie sich für die Situation in dieser Region interessieren. Und selbstverständlich bin ich gerne bereit, mich auch weiterhin mit Ihnen über Syrien auszutauschen.*

*Mit freundlichen Grüßen*

*„Herr Schweizer“*

Am 22.06.2017 um 08:47 schrieb M. Heizmann:

> *Sehr geehrter „Herr Schweizer"!*
>
> *Nochmals herzlichen Dank für die UNO-Berichte und für Ihre sonstigen Auskünfte. Wie bereits am Telefon erwähnt haben wir uns vor allem mit*
> *http://www.ohchr.org/EN/HRBodies/HRC/IICISyria/Pages/Documentation.aspx*
> *auseinandergesetzt und dazu eine kurze Replik verfasst. (Anhang)*
>
> *Wir sind Ihnen sehr dankbar für Ihre Bemühungen und wir wünschen Ihnen erholsame Pfingsten.*
> *Mit freundlichen Grüssen*
>
> *M. Heizmann*

Zur Beachtung: Bei der „Independent International Commission of Inquiry on the Syrian Arab Republic", deren Bericht wir z.H. von „Herr Schweizer" kritisieren, handelt es sich um eine *UN-Unterkommission* ohne Weisungsbefugnis. Niemand von der Kommission war in Syrien. Von einer „*fact finding mission*" kann also keine Rede sein.

Zum Bericht „Human rights abuses and international humanitarian law violations in the Syrian Arab Republic, 21 July 2016-28 February 2017“

http://www.ohchr.org/EN/HRBodies/HRC/IICISyria/Pages/Documentation.aspx
hier: https://www.ohchr.org/Documents/HRBodies/HRCouncil/CoISyria/A_HRC_36_55_EN.docx

Mitglieder der Kommission, welche den unten besprochenen Bericht verfassten:

Paulo Sérgio Pinheiro (Chairperson) (Brazil)
Karen Koning AbuZayd (United States)
Carla del Ponte (Switzerland)

Former Commissioner:
Vitit Muntarbhorn (Thailand)
Yakin Erturk (Turkey)

Unsere persönliche Einschätzung nach der Lektüre des Berichts:

Unser Erkenntnisziel ist es, Beweise zu finden, welche die Sanktionen legitimieren, mit welchen die Schweiz Syrien belegt. Dabei spielt es keine Rolle, wie hart das syrische Volk von diesen Sanktionen der Schweiz getroffen wird; Auch wenn die reale Bedeutung der Schweizer Sanktionen auf ökonomischer Ebene eher klein sein mag, so ist doch deren politische Bedeutung, ebenso wie der Entscheid, die Syrische Botschafterin für die Schweiz zur *„persona non grata“* zu erklären, enorm wichtig: Die Schweiz als Depositarstaat der Genfer Konventionen, die Schweiz als Vermittlerin von guten Diensten, Schließlich die Schweiz als neutraler Staat. Dies hat in mehr als einer Hinsicht mehr als symbolischen Charakter.
Umso wichtiger erscheint uns deswegen, dass die Frage nach den Beweisen für derart gravierende zwischenstaatliche Aktionen wie

Sanktionen und dem quasi Abbruch der diplomatischen Beziehungen schlüssig erklärt und bewiesen werden können.[76]

Der oben genannte Bericht der UNO Kommission, der uns von Ihnen zur Lektüre empfohlen wurde, hinterlässt bei uns eher mehr Fragen als Antworten. Im Folgenden wollen wir versuchen, dies in der gebotenen Kürze zu erläutern. Unsere Hauptfrage ist nach wie vor: Wo sind die Beweise für die Behauptung, *„Die syrische Regierung würde Menschenrechtsverletzungen am eigenen Volk begehen"*? Diese Frage wird hier nicht zu unserer Zufriedenheit beantwortet.

Unabhängig von „Schuld" oder „Unschuld" der Syrischen Regierung gehen wir davon aus, dass es Regierungen gibt, die Syrien gegenüber freundlich gesinnt sind und dass es Regierungen gibt, die Syrien gegenüber feindlich gesinnt sind. Vor diesem Hintergrund stellen wir fest, dass die Zusammensetzung der Kommission keineswegs dem Kriterium „Neutral" entspricht: Brasilien trägt das Embargo gegen Syrien nicht mit. Die USA tragen nicht nur das Embargo mit, sie sind auch federführend bei dem Ruf nach einem „Regime Change" und sie sind, entgegen den Bestimmungen des Völkerrechts, aktive Kriegspartei gegen die Syrische Regierung und gegen das syrische Volk. Die Schweiz trägt das Embargo mit. Thailand trägt das Embargo nicht mit. Die Türkei trägt nicht nur das Embargo mit, sondern ist, ebenfalls gegen die Bestimmungen des Völkerrechts, aktive Kriegspartei gegen Syrien und infiltriert außerdem Syrien über dessen nördliche Grenze mit Söldnern und Terroristen. Von den fünf Mitgliedern der Kommission sind also deren drei offen gegen die Syrische Regierung, sie tragen entweder die Sanktionen mit, sie greifen Syrien offen an oder sie tun beides. Wir haben starke Zweifel, dass eine parteiische Zusammensetzung einer Kommission der Wahrheitsfindung dienlich ist; Sowohl die USA als auch die Türkei sind aktiv und völkerrechtswidrig an den Angriffen gegen Syrien beteiligt.

[76] Das Argument, „unter dem Tisch" würde die Diplomatie der Schweiz doch noch einiges erreichen, erscheint uns in diesem Zusammenhang sophistisch. Gewiss mag es innerhalb der Diplomatie Bereiche geben, die nicht öffentlich kommuniziert werden können. Grundsätzlich sollte jedoch gelten: Gute Dienste sind gut und haben daher das Licht der Öffentlichkeit nicht zu scheuen.

Der erste Teil des Berichtes beschäftigt sich hauptsächlich mit den mutmaßlichen Menschen- und Völkerrechtsverletzungen seitens der syrischen Regierung bzw. der syrischen Armee. Befragt wurden 326 Personen in Genf oder in der Region, niemand davon in Syrien selbst, da die syrische Regierung keine solchen Kommissionen im Land zulässt. Fairerweise muss nun auch die Frage gestellt werden, warum dies so ist. Ein Grund dafür könnte die oben festgestellte ungleiche Zusammensetzung der Kommission sein. Ein anderer Grund könnte in den Erfahrungen anderer Länder der Region, namentlich Irak[77] liegen, bei denen UNO-Kommissionen erst den Weg für die völkerrechtswidrigen Angriffe durch die von den USA angeführte Koalition ebneten. Fraglich sind also nicht nur die Zeugenaussagen, sondern auch die aufgeführten Indizien zu Fassbomben, Chlorgasangriffen und Angriffen auf Krankenhäuser, Schulhäuser und andere zivile Institutionen. Oft lesen wir, dass die russischen und die syrischen Streitkräfte die Vorwürfe bestreiten, substanziell wird jedoch nicht auf deren Argumente eingegangen. So ist es zum Beispiel absurd, bei einer relativ gut ausgerüsteten Armee wie der syrischen noch immer davon auszugehen, dass sie mit primitiven Waffen wie „Fassbomben“ operiert. Uns ist aufgefallen, dass in diesem Teil des Berichts oftmals Behauptungen in den Raum gestellt werden, beispielsweise Angriffe seitens der syrischen oder russischen Streitkräfte gegen zivile Einrichtungen wie Krankenhäuser, Schulen usw. Wohl wird darauf hingewiesen, dass sowohl die russische als auch die syrische Armeeführung diese Angriffe in aller Form zurückweisen und bestreiten. Gleichwohl bleiben sie im Raum stehen, mit Hinweis auf die bereits erwähnten Zeugenaussagen oder auch mit Hinweis auf Satellitenaufnahmen, die jedoch weder gezeigt werden, noch sind diese verlinkt.

In diesem ersten Teil vermissen wir vor allem eine gesamtheitliche Würdigung und Einschätzung der Lage in und um Syrien. Die Frage „*Cui bono?*“ wird nicht gestellt. Unserer Meinung nach ist es jedoch unerlässlich für eine faire Beurteilung, diese Frage zu stellen: Wer hat ein Interesse daran, den syrischen Staat, dessen Infrastruktur (Schulen, Krankenhäuser, Energie- und Wasserversorgung u.a.m.) zu zerstören? Das syrische Volk wird

[77] http://www.news.cornell.edu/stories/1999/09/former-un-official-says-sanctions-against-iraq-amount-genocide (Zugriff März 2020)

ohne jeden Zweifel angegriffen. Wer jedoch koordiniert und bezahlt diese Angriffe? Wer profitiert? Wer hat ein Interesse daran, den souveränen syrischen Staat zu zerstören? Diese Fragen, die unserer Meinung nach für ein Verständnis der Lage elementar sind, werden nicht gestellt. Dass die bewaffneten Banden auf dem Boden Syriens Verbrechen und übelste Menschenrechtsverletzungen begehen, wird im zweiten Teil des Berichts deutlich gemacht. Jedoch mangelt es an einer Würdigung der enormen Bemühungen seitens der syrischen Behörden, die Einheit, die Souveränität sowie die sozialen Einrichtungen und die Versorgung der Bevölkerung des Landes aufrechtzuerhalten. Die Intervention Russlands und die Intervention des Irans sind seitens der syrischen Regierung ausdrücklich erwünscht und daher völkerrechtlich legitimiert. Die Interventionen seitens der USA, der NATO- Staaten und der Türkei sind nicht legitimiert und daher völkerrechtswidrig. Dies haben wir im vorliegenden UNO Bericht nirgendwo gefunden. Eine Verurteilung der Aggressionen gegen Syrien durch die NATO-Staaten, namentlich der Türkei und der USA sowie seitens Israels ist unserer Meinung nach unabdingbar.

Welches Interesse kann die Syrische Regierung haben, die eigene Infrastruktur zu zerstören (z.B. Zerstörung der Wasserversorgung in Wadi Barada, S. 9 im Bericht, Punkt iii)? Durch derartigen Vandalismus würde die Regierung das Volk gegen sich aufbringen und so schlussendlich an dem Ast sägen, auf dem sie sitzt. Die Zerstörung der Wasserressourcen und die Zerstörung anderer ziviler Infrastrukturen, die im Bericht den „*governmental forces*“ angelastet werden, können nur im Interesse von jenen liegen, welche die syrische Regierung und damit die syrische Souveränität zerstören wollen.

Der zweite Teil des Berichts befasst sich mit der Rolle der verschiedenen kämpfenden Gruppen auf dem Gebiet des souveränen Staates der Syrisch Arabischen Republik. Hier wird sehr differenziert unterschieden zwischen den mittlerweile so gut wie unübersichtlichen kämpfenden Fraktionen. Die Menschen in Syrien, mit denen wir sprechen konnten, differenzieren nicht: Für sie sind diejenigen, welche mit der Waffe in der Hand gegen das syrische Volk und gegen die Institutionen des Staates kämpfen, schlicht und einfach Terroristen. Natürlich kommen diese Terroristen nicht aus dem luftleeren Raum. Uns wurde gesagt, dass

Kämpfer aus über 80 Ländern in Syrien aktiv sind und das Volk mit ihrem anhaltenden Terror überziehen. Wer bezahlt diese Banden? In wessen Interesse agieren sie? Nochmals: *Cui bono?*

**Unsere Schlussfolgerungen:**
Syrien ist ein angegriffenes Land, nicht ein Land in einem Bürgerkrieg, sondern Opfer eines Angriffskriegs. Dies bezeugen wir, nachdem wir (im Oktober des Jahres 2016) mit unzähligen Menschen in Syrien aus allen gesellschaftlichen Schichten, aus allen ethnischen und religiösen Gruppen gesprochen haben. Wir haben vor Ort, von Damaskus bis nach Aleppo, niemanden getroffen, der die legitim gewählte Regierung stürzen wollte. Sicher: Kritik an dieser Regierung haben wir gehört, diese Kritik trat jedoch immer in den Hintergrund angesichts der brutalen und völkerrechtswidrigen Angriffe gegen Syrien. Eine von uns befragter pensionierter Lehrer in einem Vorort von Aleppo formulierte es so: *„Die Regierung ist hier nicht beliebt, sie ist geliebt!"*

Im zweiten Teil des vorliegenden Berichts sind die Verbrechen der verschiedenen kämpfenden Fraktionen, welche von den Menschen in Syrien durchwegs als Terrorbanden wahrgenommen werden, gut ersichtlich. Diese Banden dokumentieren ihre Verbrechen gleich selbst im Internet, auf Facebook und auf anderen Medien. Die grässlichen Bilder von Enthauptungen und von anderen Gräueltaten sind allseits bekannt. Wie vor diesem Hintergrund, nämlich einerseits dem Angriffskrieg gegen das syrische Volk durch diese instrumentalisierten Banden und andererseits der Diffamierung des syrischen Staates durch die USA und die NATO-Staaten, so ein UNO Bericht entstehen kann, können wir nicht nachvollziehen.

Ein weiteres Rätsel ist uns noch immer die Frage, weshalb sich die Schweiz als Depositarstaat der Genfer Konventionen, als Vermittlerin der guten Dienste und als neutraler Staat dazu hergibt, die EU/ US/ UK-Sanktionen gegen Syrien mit zu vollziehen und sie punktuell noch zu verschärfen.

Eingangs dieses Schreibens sagen wir, dass dieser Bericht bei uns mehr Fragen aufwirft, als dass er uns Antworten liefert. Einige dieser Fragen möchten wir skizzieren:

Die Politik Israels ist ohne jeden Zweifel geprägt von Menschenrechtsverletzungen und von Verletzungen des Völkerrechts. Erwähnt seien Jenin, die anhaltenden Angriffe gegen die Zivilbevölkerung von Gaza, die völkerrechtswidrige Siedlungspolitik Israels u.a.m. Haben wir jemals von Sanktionen seitens der Schweiz gegen Israel gehört oder wurde jemals ein israelischer Botschafter für die Schweiz zur „*persona non grata*“ erklärt?

Die USA verantworten mit ihrem „*Krieg gegen den Terror*“ konservativ geschätzt 1,3 Millionen Tote.[78] Gab es seitens der Schweiz deswegen jemals Sanktionen gegen die USA? Wurde jemals ein US-Botschafter zur „*persona non grata*“ erklärt?

Die Unterdrückung der Meinungsfreiheit in der Türkei ist immer wieder ein gut dokumentiertes Thema, ebenso die Verletzung von Menschen- und Völkerrecht durch die türkische Regierung. Gab es seitens der Schweiz deswegen jemals Sanktionen gegen die Türkei, wurde jemals ein türkischer Botschafter zur „*persona non grata*“ erklärt?

Misst also die neutrale Schweizer Diplomatie, die neutrale Schweizer Politik mit zwei verschiedenen Ellen?

Die Zerstörung Syriens, analog zu Libyen, analog zum Irak kann nicht in unserem Interesse sein. In beiden Fällen hatten angebliche Menschenrechtsverletzungen die Funktion, die Zerstörung dieser Staaten „akzeptabel“ zu machen. Ein offener Krieg zwischen Russland und den USA wäre eine mögliche, ja wahrscheinliche Folge, wenn Syrien zerstört würde.

Dieser Krieg könnte über Europa ausgetragen werden. Gemäß Wikipedia unterhalten die USA allein in Deutschland 19 Militärbasen oder militärische Einrichtungen (darunter Ramstein, von wo aus die Drohnenkriege der USA koordiniert werden). In Bulgarien, Griechenland, Italien, dem Kosovo, Rumänien, Spanien und Ungarn unterhalten die USA ebenfalls Militärbasen. Hinzu kommen weitere Drohgebärden der USA und der NATO, welche

---

[78] http://www.bundeswehr-journal.de/2015/rund-13-millionen-tote-durch-krieg-gegen-den-terror/ (Zugriff März 2020)

die Szenarien des Kalten Krieges bei weitem übertreffen.[79] Dies macht Europa zu einem potenziellen Angriffsziel. Syrien könnte der Funke sein, der dieses Pulverfass entzündet.

Unsere Kernfrage wartet noch immer auf einer klare, einsichtige und logische Antwort: Auf welche nachvollziehbaren Beweise stützt sich die Schweiz, wenn sie die Syrisch Arabische Republik mit einem Embargo belegt und sich so de facto in den Kreis der Aggressoren gegen das Syrische Volk einreiht? Diese Aggressoren können benannt werden: Es sind dies Israel, die USA, die NATO-Staaten, namentlich die Türkei und einige andere nicht NATO-Staaten wie Australien, die Öl-Oligarchien und andere. Warum macht die Schweiz da mit? Aufgrund welcher Beweise?

Juni, 2017, Markus & Eva Heizmann, 

zuhanden von „Herr Schweizer“

[79] http://www.zeit.de/politik/ausland/2017-02/nato-usa-polen-soldaten-russland-abschreckung (Zugriff März 2020)

# Verwendete Literatur


Abu Jamal Mumia, Das Imperium kennt kein Gesetz, Atlantik Verlag, Bremen

AK Süd-Nord (Hg), Die unsichtbaren Mauern durchbrechen, TuP Verlag, Hamburg

AK Süd-Nord (Hg), LÜGE-MACHT-KRIEG, Risāla Jahrbuch 2015, TuP Verlag, Hamburg

Anderson Tim, Axis of Resistance, Clarity Press

Anderson Tim, Der schmutzige Krieg gegen Syrien, Liepsen, Marburg

Cabral Amilcar, Theorie als Waffe, Edition Con, Bremen

Cheik Ante Diop, Civilization or Barbarism, Lawrence Hill, Chicago

Carminati / Tradardi, BDS – Gewaltloser Kampf gegen Israel, Apartheid, Zambon, Frankfurt

Degeorge Gérard, Damaskus, Band 1 & 2, Turia und Kant, Wien

Dottke Brigitte, Lernen zu widerstehen, TuP Verlag, Hamburg

Derbent T., Clauseswitz und der Volkskrieg, Zambon, Köln

Engels Friedrich, Zur Geschichte des Urchristentums, MEW Band 22, Dietz Berliner

Fanon Frantz, Die Verdammten dieser Erde, rororo, Hamburg

Fanon Frantz, Schwarze Haut, weisse Masken

Forbes Jack, Kolumbus und andere Kannibalen, Hammer, Wuppertal

Galleano Eduardo, Die offenen Adern Lateinamerikas

Gerger Haluk, Widerstand im Nahen Osten Zambon, Frankfurt a.M.

Guevara Che, Bolivianisches Tagebuch, rororo, Hamburg

Guevara Che, Episoden aus dem Revolutionskkrieg

Heizmann Eva & Markus, Syrien – ein Land im Widerstand, TuP Verlag, Hamburg

Heizmann Markus, Zur Anatomie des Imperialismus, TuP Verlag, Hamburg

Heizmann/ Darrage, Poesie des Widerstandes, TuP Verlag, Hamburg

Khella Karam, Geschichte der Arabischen Völker, TuP Verlag, Hamburg

Khella Karam, Der Belagerungszustand, TuP Verlag, Hamburg

Khella Karam, Die Strategie des NATO Interventionsmus, TuP Verlag, Hamburg

Khella Karam, Chronik des Krieges – seit einem Jahrtausend, TuP Verlag, Hamburg

Khella Karam, Imperialismus heute, TuP Verlag, Hamburg

Krammer Hubert, Jenseits der Mythen, TuP Verlag, Hamburg
Lenin W.I., Der Imperialismus als höchstes Stadium des Kapitalismus, Dietz, Berlin
Lenin W.I., Staat und Revolution, Dietz, Berlin
Losurdo Domenico, Die Sprache des Imperiums, Papy Rossa, Köln
Losurdo Domenico, Wenn die Linke fehlt, Papy Rossa, Köln
Luxemburg Rosa, Reden, Reclam. Leipzig
Mandel Ernest, Der 2. Weltkrieg, ISP, Frankfurt a.M.
Mao Zedong, Worte des Vorsitzenden Mao, Verlag f. Fremdspr. Literatur, Peking
Osterhammel Jürgen, Kolonialismus, Beck'sche Reihe, München
Paech, Norman / Nowrot, Karsten (Hg), Krieg und Frieden im Völkerrecht, Papy Rossa, Köln
Ramahi/Quintern, Qarmaten und Ihwan as-safa
Samara Adel, Epidemic of Globalization, Palestine Research Foundation, Glendale
Said Edward, Orientalismus, Fischer, Frankfurt a.M.
Suliman Aktham, Krieg und Chaos in Nahost, Nomen, Frankfurt a.M.
Weiss Hans, Märchen von Kuba – Insel zwischen Wahrheit und Lüge, Nomen, Frankfurt a.M.

# Dank

Der Autor bedankt sich bei folgenden Personen:

- Dr. Natalie B. für ihr Vorwort,
- Eva H. für die kritische Durchsicht des Manuskripts,
- Hubert K. für das Endlektorat,
- dem Team des TuP Verlages für die Geduld,
- „Herrn Schweizer“ für die Einblicke in die Schweizer Diplomatie,
- ALBA Suiza und VSC (Vereinigung Schweiz Cuba) für die solidarische Unterstützung bei den Recherchen

und bei allen, die hier nicht erwähnt werden, die jedoch durch Diskussionen und Argumentation wesentlich zur Entstehung des Buches beigetragen haben.

## Syrien – ein Land im Widerstand

# Mehr als ein Reisebericht

### von Eva uns Markus Heizmann

ISBN 978-3-939710-32-5
154 Seiten
**16 €**

Im vorliegenden Buch wird eine authentische Sichtweise auf den Krieg gegen Syrien vorgestellt.
In keinem Augenblick ihrer Reisen nach Syrien in den Jahren 2016 bis 2018 haben die AutorInnen im Land selber von einem „Bürgerkrieg“ oder von einem „Diktator“ gehört. Wohl aber haben sie

Menschen getroffen, welche unter der Aggression leiden und die sich sehr wohl darüber im Klaren sind, dass die Angriffe gegen sie und gegen ihr Land von aussen kommen. Trotz des Krieges durften die AutorInnen die enorme Gastfreundschaft und Offenheit der Menschen in Syrien erfahren.

Das Buch schildert eine Realität fern von jeder westlichen Medienpropaganda. Es ist sowohl ein Reisebericht, als auch ein engagiertes Plädoyer zur Beendigung des Krieges und des Embargos gegen Syrien.

**Farid Darrage & Markus Heizmann**

# Poesie des Widerstands

ISBN 978-3-939710-16-5
1. Auflage 2012, 125 Seiten
**14 €**

Ghassan Kanafani hat nie eine Waffe getragen. Er wurde ermordet, weil seine Worte gefährlicher als jede Waffe empfunden wurden. Er schrieb.

Ihm folgte Nagi al-Ali aus dem gleichen Grund.
Er zeichnete.

Als letzter von den dreien kam Mahmoud Darwish ums Leben.
Er dichtete.

Die Geschichte Palästinas – gesehen durch die Augen der palästinensischen Literaten Ghassan Kanafani und Mahmoud Darwish mit ausgewählten Zeichnungen von Nagi al-Ali.

Markus Heizmann und Farid Darrage begleiten die ausgesuchten Werke der Literaten, indem sie deren Gedichte und Erzählungen in den jeweiligen historischen Kontext der Ereignisse in Palästina stellen.

**Karam Khella (Hrsg.)**

# Der Belagerungszustand

ISBN 3-921866-78-2
1. Auflage 1998
112 Seiten
**9 €**

Der Belagerungszustand ist kein Fiktivroman, sondern Wirklichkeit. Er ist die Realität des ausgehenden alten und des neu beginnenden Jahrtausends. Blockaden sind Völkermord.
Wer ist belagert, wer belagert?
Die internationale Situation ist charakterisiert durch den Aufschrei der Völker für Freiheit, Achtung ihrer Würde und nationale Souveränität. Diesem humanistischen Bestreben und emanzipatorischen Willen steht die steigende Aggressivität und Gewalttätigkeit des Imperialismus entgegen.
Der Freiheitskampf der Völker ist nicht neu. Der lange Widerstand hat sich gelohnt. Die Hungerblockaden zeigen die großen Leiden der betroffenen Völker, zugleich aber den politischen und moralischen Bankrott des Imperialismus. Die Völker sind nicht bereit, um den Preis versprochener Lockerung der Blockade ihre Freiheit und Selbstbestimmung zu schmälern.
Im ersten Teil dieses Buches finden wir Grundsatzbeiträge. Im zweiten Teil bildet der Irak den Schwerpunkt. Es äußern sich in diesem Werk der irakische Minister für Erziehung, Tawfiq, der Völkerrechtler Prof. Dr. Anbari, langjähriger Vertreter des Iraks im Weltsicherheitsrat und in der UNO, zum Thema Irak unter Blockade (aus dem Arabischen übersetzte Beiträge) und Dr. Karam Khella zur Imperialismustheorie und zum Belagerungszustand.
In diesem Buch wird der Belagerungszustand, dem ganze Völker zum Opfer fallen, nicht einfach festgestellt und beschrieben, vielmehr gehen die Beiträge dem Phänomen der Blockaden auf den Grund und aktualisieren damit die Imperialismusanalyse. Die Weltlage zu verstehen, ist die Voraussetzung dafür, sie zu verändern.

Karam Khella

# Imperialismus heute Krieg und Frieden

**Behandelter Zeitraum: 1945 bis zur Gegenwart**

ISBN 978-3-939710-06-6
3. überarbeitete Auflage 2013
404 Seiten
**22 €**

Das Buch enthält eine umfassende Analyse der gegenwärtigen Weltlage und zeigt Perspektiven für die Zukunft auf.

- Militärische Bedrohung des Globus
- Herrschaft und Unterdrückung
- Anatomie der Destruktivität, Aggressivität und des Kriegs
- Über den Zusammenhang von Imperialismus und Militarismus
- NATO
- Der Krieg nach dem letzten und vor dem nächsten Krieg

Der Autor erhebt stets den Anspruch, eine Orientierung für die Praxis anzubieten. Was tun? Wie setzen wir uns mit den Widersprüchen der Weltlage auseinander?
Wir sind gefordert. Verstehen geht dem Handeln voraus. Das Werk ist höchst aktuell und lädt zu persönlichem Engagement ein. Der Frieden ist für den Imperialismus gefährlicher als der Krieg.

Während „Imperialismus heute" vor allem die militärische Bedrohung des Globus, den Krieg und die NATO behandelt, werden in „Die gespaltene Welt" die Ökonomie, Rohstoffe, Schulden sowie der Nord-Süd-Konflikt bearbeitet.

# lubert Krammer

# enseits der Mythen:

## nperialismus – Zionismus – Faschismus

Eine Quellenrecherche über die Geschichte einer Kontinuität
Mit einer Einführung von Karam Khella
ISBN 978-3-939710-02-8
**19 €**

)ieses Buch zeigt Zusammenhänge auf, die nicht zu den Selbst-'erständlichkeiten im politischen Diskurs zählen. Vor dem Hinter-rund der Langzeitgeschichte werden die Beziehungen zwischen mperialismus, Zionismus und deutschem Faschismus herausge-rbeitet. Gerade bei dieser Thematik wurde darauf geachtet, dass seteiligte und Zeitzeugen zitiert werden. Andererseits soll es sich icht um eine literarische Anthologie, sondern um eine historisch uthentische Analyse handeln. Die Geschichtsdarstellung wird lurch die die Ereignisse tragenden Kräfte, Entscheidungsinstan-en und beteiligten Personen belegt. Eine historische Einleitung ührt in die Komplexität dieser Problematik ein. Von den Anfän-jen des Zionismus bis zur Gegenwart wird eine Kontinuität auf-jezeigt, die den herrschenden Mythen widerspricht.

## Karam Khella

# Geschichte der arabischen Völker von den Anfängen bis zur Gegenwart

ISBN 3-921866-28-6
4. erweiterte Auflage 2007
600 Seiten
**jetzt 22 €**

Mit diesem Buch wird eine vollständige und integrierte Geschich
te der arabischen Welt vorgelegt. Ausführlich wird auch die sons
kaum wahrgenommene Geschichte der Araber vor Muhamma
behandelt. Der Islam wird im historischen Zusammenhang be
trachtet, seine regionalen und weltgeschichtlichen Auswirkun
gen werden analysiert.

Aus dem Inhalt:
Anthropogenese – Vor- und Frühgeschichte – Arabien in der Ur
gesellschaft – Das arabisch-islamische Weltreich – Aufstieg un
Niedergang des Kalifats – Orientalischer Feudalismus –Heraus
bildung der arabischen Welt – Die Bildung moderner souveräne
arabischer Staaten – Gegenwärtige Gesellschaft und aktuell
Probleme der arabischen Länder

Neu in der vierten Auflage:

* Neuer Ansatz des historischen Herangehens
* Eine neue Periodisierungstafel zur Epocheneinteilung der Weltgeschichte
* Eine gesamtarabische Chronik, die mit der Universalgeschichte synchronisiert ist
* Umfangreicher Anhang mit Personen-, Orts- und Sachverzeichnis (über 2.000 Nachschlageworte informieren über alle Bereiche der arabischen und islamischen Welt).

# Risala Nr. 8

## LügeMachtKrieg

### Imperialistische Medien-Manipulation

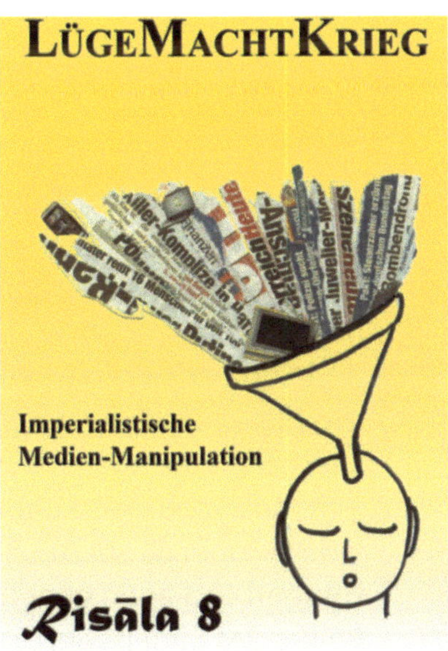


Lüge Macht Krieg
Macht Lüge Krieg?
Krieg durch Lüge und Medienmanipulation?
Kriege ich durch die Macht der Lügen ein Durcheinander im Kopf?

Die Beiträge in Risāla Nr. 8 geben einen Blick hinter die Kulissen der Meinungsschmiede.
Sie zeigen Muster der Manipulierung auf.
Risāla deckt an Beispielen auf, wie der Krieg zuerst in die Köpfe eingepflanzt wird.
Festgestellt wird: Es braucht erst die Lüge, um einen Angriffskrieg anzuzetteln.
Die Wahrheit ist bei Kriegsbeginn schon lange geopfert.

Das Risāla Autorenkollektiv gibt Denkanstösse, die Manipulation der Medien zu entlarven und sich davon zu befreien. Jede und Jeder bekommt die Möglichkeit, sich aus dem Spinnennetz der Manipulation zu befreien und Wege zur eigenen Meinung zu finden

ARBEITSKREIS SÜD-NORD

228 Seiten
**ISBN: 978-3-939710-24-0**
**16 €**

**AK Süd-Nord (Hrsg.)**

# Die unsichtbaren Mauern durchbreche

mit Beiträgen von:

Ahmed Ben Bella (Algier) – arab. Erzbischof Cappucci (Jerusalem)
Karam Khella (Hamburg) – Y.K. Ligatchev (Moskau) u.a.

## Zu den Hintergründen der imperialistischen Politik de Hungerblockaden gegen die Völker des Südens

**Wir leben in einer gespaltenen Welt:**

Reichtum im Norden, als Luxus weniger, der alle zu ersticken droht, während die Mehrheit der Erdbevölkerung im Süden in Armut und Unterdrückung gezwungen wird. Um diesen Zustand aufrechtzuerhalten, wenden die Großmächte zunehmend und ohne jede Skrupel das Mittel der Hungerblockaden gegen die Völker des Südens an, die sich nicht dem Diktat des Nordens beugen.

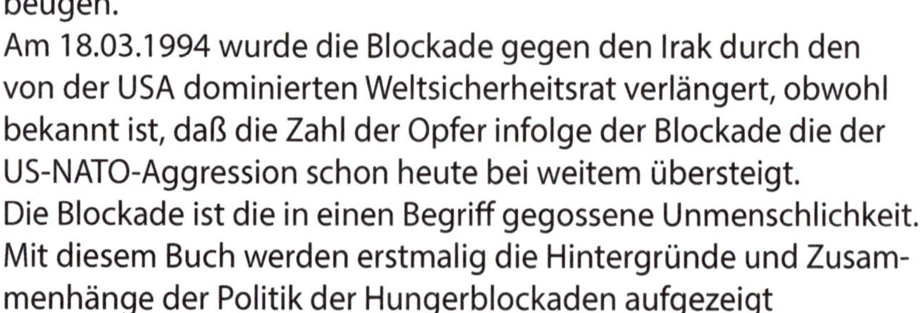

Am 18.03.1994 wurde die Blockade gegen den Irak durch den von der USA dominierten Weltsicherheitsrat verlängert, obwohl bekannt ist, daß die Zahl der Opfer infolge der Blockade die der US-NATO-Aggression schon heute bei weitem übersteigt.
Die Blockade ist die in einen Begriff gegossene Unmenschlichkeit.
Mit diesem Buch werden erstmalig die Hintergründe und Zusammenhänge der Politik der Hungerblockaden aufgezeigt

1. Auflage 1994 | ISBN 978-3-939710-53-0
160 Seiten | **8 €.**